国際平和への課題

―理論と実践（PKO）―

石塚勝美 ［著］

創 成 社

はじめに

　筆者が執筆している現在，国際社会は混とんとしている。日本周辺の極東地域では，朝鮮半島は緊張を保ち続け，中国の南シナ海や台湾への動向は予断を許さない。中東では，イスラエルとハマスの戦争により，ガザの街は崩壊し人道危機に直面している。欧州では，ウクライナとロシアの戦争は終了の出口は見えず，当時者のみならず国際経済にも大きな影響を与えている。アフリカ大陸では各国の国内紛争が悪化しないよう，依然として国連部隊，AU 部隊，欧州部隊が介入し続けている。アメリカでは再選されたトランプ大統領が「アメリカ第一主義」を掲げ，同盟国の軍備拡張を訴えている。

　「国際社会は総じて平和である」とは言い難い。国際平和への道のりは険しいのであればその課題は何であろうか。本書は，その題名のごとく「国際平和への課題」をテーマにしたい。

　「国際平和」を望まないものはいるのであろうか。全うなものは国際平和を望んでいるはずである。心の底から戦争を熱望する者はいないであろう。アメリカのトランプ大統領でも中国の習近平国家主席も戦争を熱望していないであろう。現在，戦争を指揮しているロシアのプーチン大統領も，ウクライナのゼレンスキー大統領も，イスラエルのネタニヤフ首相も本来は戦争を避けたかったはずである。しかし国際平和や国際秩序を求める方法は人それぞれであり，国家によっても異なる。自国の軍事力を強化して，敵国が恐れて攻めて来られないようにするのも秩序を保つ一つの手段である。世界中の国々が良好な関係を築き，「このように仲が良いのに戦争なんてありえない」という理想を目指すものもいるであろう。前者の考え方を現実主義といい，後者の考え方を理想主義という。これらが国際政治の 2 大理論である。

　国際平和を希求する国際機関として代表的な機関は国際連合（以下国連とい

う）である。国連は，第 2 次世界大戦後に戦勝国である連合国側が結束して設立された同盟国の集まりであった。しかし現在は世界 193 か国が加盟し安全保障のみならず，世界における教育，貧困，開発，環境，健康といったあらゆる面の向上を目的とする利他的な組織である。第 2 次世界大戦の連合国を主導していたアメリカ，イギリス，フランス，ロシア，中国は国連安全保障理事会の常任理事国である。しかし冒頭で述べたようにその常任理事国で戦争をとめる立場であるロシアが現在自ら戦争を行っている。この点を見ても国連に課題が多いことは明白である。

　さらに国連の中で一番高額な予算を費やしているのは国連の平和維持活動（Peacekeeping Operations：PKO，以下 PKO とする）である。PKO は戦争や紛争が終了し，停戦合意が結ばれた後に，国連加盟国から兵士を招集して，双方の間に立ち停戦を監視する活動の事である。PKO は東西冷戦期においてもポスト冷戦期においても，国際平和の維持に重要な役割を果たしてきた。しかしこの PKO にも課題は多い。例えば武装勢力が停戦合意を破り，国民や PKO 兵士に危険を認識した場合に，PKO は国連という中立な媒体による活動でありながらその武装勢力に反撃をしていいものか。それは内政不干渉の原則に反しないのか，等々である。

　よって本書は『国際平和への課題─理論と実践（PKO）』という題名のもとに国際平和を理論と実践の双方から焦点を当ててその課題に対して論じていく。本書は 4 部構成である。第 1 部は国際平和に向けての国際政治理論に焦点を当て，第 1 章はその中の現実主義と理想主義を紹介する。そして第 2 章はその国際政治理論の具体例（ケース）をあげる。その各ケースの内容は，現実主義として核兵器などの軍拡競争，アメリカの国際紛争介入政策，また理想主義としてヨーロッパの統合，そして「人間の安全保障」の台頭をあげる。それぞれがその国際政治理論に如何に当てはまるかを説明するとともに，それぞれの課題等も加えている。

　第 2 部では，国際平和への実践としての国連とその PKO に関して簡潔な説明がなされている。国連の基礎知識としてその設立背景，諸機関の役割り，国

連憲章等の説明に引き続き，国連 PKO の活動に対して基礎的な記述も含まれている。

　第 3 部は国連 PKO のみに焦点を当て，具体的に南レバノンに駐留している PKO である国連レバノン暫定軍（United Nations Interim Force in Lebanon：UNIFIL，以下 UNIFIL とする）の活動内容について議論する。UNIFIL は「暫定軍」という名称にも関わらず 1978 年の設立以来任務を終了することはない。UNIFIL の課題はどこにあるのかを考えていく。

　そして最終第 4 部は，国連 PKO 全体の政策，とりわけ活動任務に関する政策，そして要員を派遣していく貢献国の政策について論じていく。活動任務（ミッション）に関しては，PKO 要員による文民保護について考える。PKO の主な任務は停戦監視であり，そこ（停戦中）では文民が命の危険にさらされる状況はないことが前提である。しかし実際には停戦協定が守られていないばかりか，そこに住む地域住民が迫害されることも多い。そこで PKO 兵士がそのような住民を保護する義務があるのかについて考える。この PKO 兵士の文民保護や武力行使は PKO に関する主要な課題の一つである。さらに現在ロシアをはじめとする大国が国際法を軽視する状況下，PKO に関しても大国に代わって中堅国，いわゆるミドルパワーのリーダーシップが期待される。その中で伝統的な PKO 貢献国であるミドルパワーとしてアイルランド共和国（以下アイルランドとする）に焦点を当てて，その貢献国としての課題点を議論する。

　本書の参考資料の多くに関しては，国際政治理論や国連 PKO に関する様々な学術誌および新聞等を参考資料として活用した。また UNIFIL に関しては筆者が 2019 年に南レバノンにて現地調査をした際のインタビューや資料を多く利用した。

　最後に本書は『国連 PKO と国際政治』（創成社，2011 年）と内容が一部重複する部分があることをここに記する。

2025 年 3 月

石塚勝美

目　次

はじめに

第1部　国際平和に向けての国際政治理論

第1章　国際政治における現実主義と理想主義 ——————— 2

1 - 1　現実主義 (Realism)･･････････････････････････････ 2

1 - 2　理想主義 (Liberalism)･･････････････････････････ 4

1 - 3　現実主義か？　理想主義か？･････････････････････ 6

第2章　国際政治理論のケースと課題 ———————————— 9

2 - 1　「囚人のジレンマ」と核兵器による軍拡競争：
現実主義のケース① ････････････････････････････ 9

2 - 1 - 1　「囚人のジレンマ」とは　9

2 - 1 - 2　国家間の軍拡競争における「囚人のジレンマ」の適用　11

2 - 2　アメリカの国際紛争介入政策：現実主義のケース② ･･･19

2 - 3　ヨーロッパにおける地域統合：理想主義のケース① ･･･27

2 - 4　「人間の安全保障」,「人道的介入」と「保護する責任」：
理想主義のケース② ･･･････････････････････････32

第2部　国際平和実践への入門

第3章　国際連合とPKO：「理想主義の理想」を目指して — 44

3 - 1　国際連合の誕生 ･･･････････････････････････････44

3 - 2　国際連合の諸機関 ･････････････････････････････47

3 - 3　国連憲章 (UN Charter) ･･･････････････････････53

viii ──○

　3－4　国連平和維持活動（PKO）……………………………………60

　　3－4－1　PKO の目的，活動内容，そしてその効果　60

　　3－4－2　PKO の概念　62

第3部　国連PKOの実践における課題：UNIFIL（国連レバノン暫定軍）をケースに

第4章　歴史的に見る UNIFIL の課題 ──────── 68

　4－1　レバノン情勢と UNIFIL　…………………………………68

　4－2　UNIFIL の設立　……………………………………………71

　4－3　UNIFIL 初期の活動状況　…………………………………72

　4－4　任務が遂行できない要因　…………………………………77

　4－5　1982 年以降のレバノン情勢と UNIFIL の対応…………82

　4－6　2006 年以降の「新 UNIFIL」の状況　…………………85

　4－7　結論：UNIFIL の課題　……………………………………86

第5章　「デュアル・アプローチ（Dual Approach）」としての UNIFIL の課題 ──────────────── 90

　5－1　導　入　………………………………………………………90

　5－2　UNIFIL における「ソフト・アプローチ」：
　　　　人道援助活動　………………………………………………91

　5－3　UNIFIL における「ハード・アプローチ」：
　　　　欧州からの強健な特殊部隊　………………………………95

　5－4　結　論　…………………………………………………… 100

第6章　武装勢力ヒズボラ(Hizbollah)と UNIFIL の課題 ── 103

　6－1　導　入　…………………………………………………… 103

　6－2　レバノンにおけるヒズボラ　…………………………… 104

　6－3　ヒズボラの武装解除の問題　…………………………… 106

　6－4　南レバノンにおけるヒズボラと UNIFIL の関係 …… 110

　6－5　結論：課題の解決策はあるのか　……………………… 113

目　次 ○──— ix

第4部　国連 PKO の政策における課題

第7章　国連 PKO の文民保護の課題 ──────── 120

7－1　導　入 ………………………………………………… 120

7－2　国連 PKO における文民保護の本質的な問題 ……… 121

7－2－1　問題：紛争地帯においては誰が文民を保護すべきなのか。
当事者政府か，国際社会（国連 PKO）か　121

7－2－2　問題：文民保護の活動において「国連 PKO の3原則」を
維持することが可能であるのか：受け入れ政府の合意，活
動の中立性，最小限の武装との両立性の問題　125

7－3　国連 PKO での文民保護：スーダンでのケース …… 128

7－4　国連 PKO での文民保護：
コンゴ民主共和国（DRC）でのケース ……………… 132

7－5　結　論 ………………………………………………… 135

第8章　PKO におけるミドルパワーの課題 ───────── 139

8－1　導　入 ………………………………………………… 139

8－2　ミドルパワーとは何か ……………………………… 140

8－3　現在ミドルパワーが国際社会でリーダーシップを
発揮すべき理由 ……………………………………… 142

8－3－1　国連安全保障理事会の行き詰まり　142

8－3－2　大国主導による強制的な紛争解決手段の限界　143

8－3－3　1956 年の「スエズ危機」の状況との類似性　146

8－4　ミドルパワーによって何が構築されるべきか ……… 148

8－4－1　ミャンマー等における国連モニタリング（監視追跡）・
ミッション（UN Monitoring Mission）　148

8－4－2　南シナ海等における海洋 PKO（Ocean Peacekeeping
Operations：OPK）　150

8－5　結　論 ………………………………………………… 152

第9章 欧州ミドルパワー・アイルランドの多国間主義国としての課題 ── 155

9-1 アイルランドの国連PKOの派遣国としての記録 … 155

9-2 歴史的分析：アイルランドの多国間主義への熱狂的な
支持の背景 ……………………………………………… 157

9-2-1 国際機関や多国間主義を支持するアイルランドの初期の
外交政策 158

9-2-2 多国間主義を奨励する熱狂的なアイルランド人政治家の
輩出 160

9-3 アイルランドの中立政策 ……………………………… 161

9-4 ポスト冷戦期におけるアイルランドのPKOと
多国間主義の政策：国連からEU，NATOへ？ …… 163

9-4-1 ポスト冷戦期におけるアイルランドと国連 163

9-4-2 ポスト冷戦期におけるアイルランドとEU 164

9-4-3 ポスト冷戦期におけるアイルランドとNATO 167

9-5 結論：多国間主義を支持するミドルパワー・アイルランド
の評価と課題 …………………………………………… 169

おわりに 173

省略形一覧 177

参考文献 181

索　引 189

第1部

国際平和に向けての国際政治理論

第1章
国際政治における現実主義と理想主義

1−1　現実主義 (Realism)

　現実主義を定義するうえで最も根本的なことは，「国際政治で一番重要なものは国家である」ということである。現実主義者にとって「国家主権」の原則は絶対的であり，国際政治の主役は国家以外にあり得ないという考えである。また国家は，単一の行為体とみなされる。すなわち国家は国家以外何物でもなく，その国家を形成している官僚組織等のことは軽視されている。

　そして現実主義者にとって国家のなすべき最も重要なことは，国家として「生き残ること (survival)」である。国家の最終的な目的は１つであり，それは国家の安全保障である。いい換えれば，この世の中において争いや戦争というものは避けられず，絶えず欲望のもとに力のあるもの（国家）がそうでないものを征服していくと考えられているからである。たとえば，「君主論」で有名なニッコロ・マキャベリ (1469–1527) は，政治家たるものは道徳心のようなものをもち合わせる必要がないと主張し，彼の「君主論」では，政治家が「本来行うべきもの (what it should be)」よりも政治家が現実に「実際に行っていること (what it is)」を強調している。彼によれば，賢い政治家は政治的野心を実行するためには，虚言や約束を破ることもあり得るという。そればかりか結果を求めるためには「暗殺」をも正当化される。このマキャベリの「君主論」は，当時のヨーロッパ全土を驚愕させたものの，マキャベリの支持者も多く，不道徳的な便宜主義者は「マキャベリアン (Machiavellian)」と呼ばれることも

第 1 章　国際政治における現実主義と理想主義 ○── 3

ある[1]。

　現在の国際政治の舞台のなかで，このマキャベリが提唱する現実主義はどれほど受け入れられているであろうか。確かにマキャベリの「君主論」は，「血の通わない」「冷酷」「悲観的 (pessimistic)」のように考えられがちである。しかし彼のいう「政治的野心を実行するためには，虚言や約束を破ることもある」という主張に類似している事例が現在の国際政治にはなかろうか。たとえば，1940 年代以降，継続して問題になっているイスラエルとパレスチナを含むアラブ諸国間の中東問題がそれに当たる。すなわちイスラエルの国連決議違反ともいえるパレスチナにおける領土拡大行為に対して，それを非難する国連安全保障理事会の決議が再三決議されているにもかかわらず，その決議の「約束」は一向に実行されていないのである。同様に，1970 年代以降の冷戦時代における東ティモールの侵略者インドネシアからの民族自決を促す国連安全保障理事会や国連総会の決議も同様に，冷戦時代においては実行に移されなかった。これらの例に対して共通にいえることは，東西冷戦の思惑によって，国連の決議が即決議の実行につながらなかったことである。このような状況を鑑み，国連安全保障理事会の常任理事国を含むメンバーは，「虚言」をいっていると指摘されてもやむを得ない。さらにマキャベリのいう「暗殺の正当性」であるが，これも一般的には正当化されていないと考えられるが，国際テロリズムが絶えることのない現在において，国際政治のアクターの 1 つである「テロリスト」たちが少なくともこの「暗殺行為」を正当化していることは事実である。

　上記のテロリストを鑑みても，現実主義者たちは，この国際社会をコントロールできないもの (uncontrollable)，恐怖に満ちているもの (fearful)，そして永遠に不安定なもの (eternally insecure) ととらえており，その結果国際政治のアクター同士がお互いに信頼できない (mutual distrust) とされている。トマス・ホッブズ (1588–1679) は，国際社会はアナキー (anarchy，無政府状態) であり，それはこの社会をつくりあげている人間の本性 (human nature) によるものであると主張している。その本性とは，利己的 (self-interested) であり，疑い深く，絶えることのない欲望に満ち溢れているという[2]。このような人間

4 ──○

の本性は，いつの時代でも変わらず（fixed），そして普遍的なものである。

　このようなアナキーな国際社会において，大きな物理的な力（パワー）を蓄えることが重要であり，具体的には軍事力の強化が奨励される。ハンス・モーゲンソー（1904-1980）は，国際政治は国家間のパワーによる闘争であるとし，国際政治においてパワーの均衡が取れている状態こそが国際社会の安定につながるとした。

　現実主義の定義としてさらに重要なこととして，国家における国益（national interest）の絶え間ない追求があげられる。前述したモーゲンソーは，国益とは外交政策を決定するうえで客観的ながらも合理的なデータのようなものであるといっている[3]。この国益という言葉は，実際に日本の国会において特定の外交政策について討論している際に頻繁に使われる言葉でもある。

1-2　理想主義（Liberalism）

　上述する現実主義に真っ向から異を唱えるものが理想主義である。現実主義と理想主義の間の根本的な違いは，両者の国家に対する位置づけである。上述したように現実主義にとっての国家は絶対無二の存在であったが，理想主義にとっての国家は，いわゆる one of them のような存在である。いい換えれば，国際政治の主体は国家だけでなく，個人や国際機構，その他 NGO 等もなり得るということである。また現実主義においては国家そのものが単一の行為体とみなされたが，理想主義においては，国家が，外交政策を定式化したり，影響力を行使しようとする個々の官僚組織，利益集団，そして個人から構成されていると考える[4]。つまり理想主義者によると，同じ国家でもその構成組織や個人によってその性格や器量が変わり，それがその国家の国際政治の様相を変えてしまうということである。

　次に，国家の存在目的であるが，現実主義においてのそれは，国家の安全保障であった。しかし理想主義における国家の目的を考えた場合，確かに国の生き残りや安全保障は重要であると考えるが，その領域を超え，国家の目的はそ

第1章 国際政治における現実主義と理想主義 ○── 5

の国民を保護したり，彼らの人権を守ることも重要視される。これは理想主義者において，国際政治の主要アクターが国家のみならずその国民も含まれると考えられている所以である。

アメリカの独立宣言やフランスの人権宣言に大きな影響を与えたジョン・ロック (1632-1704) は，国家に対して個人の優位を主張した。ロックは，個人が自然の権利や義務を授与する自然の法に従うことを義務づけられているとした。ここでいう権利は，生命，自由，そして財産に対する権利であり，ここでいう義務とは，人々のそれらの権利を侵害するものに対する処罰の義務であった。このような自然状態下において社会が混とんとしたとしても，ロックは (ホッブスとは異なり)，人間には理性 (reason) があり解決しうるとした。またそのために政府や国家があると考えた。つまり理想主義者であるロックは，まず個人ありきであり，そのための国家であると考えたのである[5]。同様にジェレミー・ベンサム (1748-1832) も「個人の幸福の総計が社会全体の幸福であり，社会全体の幸福を最大化すべきである」という「最大多数の最大幸福」という原理を主張した。

理想主義者は，戦争は避けられると考えている。その戦争回避のための重要な概念は「相互依存」である。現実主義において，国家はお互いが敵対し合い，協力し合うことは稀であると考えられているが，理想主義では，この国際協調というものが大きなキーワードとなっている。いうまでもなく，20世紀に設立された国際連盟，そして現在の国連はこの理想主義の申し子といえよう。また先進国首脳会議 (サミット) が近年活発化しており，G7，G8，を経験し，現在は主要20カ国の首脳が一堂に会し，国際社会における政治や経済の繁栄のために話し合う G20 (Group of 20) が主流化している。これは疑いもなく理想主義への流れである。

理想主義の象徴である国連は国連憲章という，いわば「国際法」によりその活動や存在が保障されている。よって理想主義の大きな概念のひとつに「国際法による秩序の維持」というものがある。この国際法の維持は，お互いの信頼 (mutual trust) から生まれる。そして理想主義における人間の本性というもの

は,「人間は,本来道徳的であり,そして現在そのような資質がなくとも,学習により身につけたり (learning),改善できたりする (improved)」というものである。そのような個人が集まる国家というものは,現実主義の概念とは異なり,「コントロールできるもの (controllable)」であり,平和 (peace) を望み,そして不安から逃れ安全を勝ちうることも可能である (can be secure)。現実主義者が,国際社会はアナキー (無秩序) であり続けるという考えである一方,理想主義者たちは,たとえ現在アナキーである状態であっても,先ほど述べたように国際協調体制が築かれることにより,国際社会は秩序 (order) を得ることができると考える。そのような意味合いにおいて,理想主義者は,現実主義者からみれば,はなはだ楽観主義者である (optimistic)。

現実主義者が「国益」を重視するのに対して,理想主義者は「公益 (public interest)」にも大きな価値をおく。現実主義の利己的に対しては,理想主義は「利他的」(altruistic) というべきであろう。そのような見地において NGO のような非営利団体の台頭や企業の社会的責任 (CSR) は理想主義の主流の1つである。

さらに理想主義の主原則の1つである「相互依存」は,国家の連合を促進する。イマヌエル・カント (1724‒1804) は,民主的な憲法をもつ国家が増えることによって将来平和的な国家の連合体ができ得るということを彼の著『永遠平和のために (Perpetual Peace)』で述べている。このカントの自由国家の連合の構想は,100 年以上経った後の国際連盟結成の思想基盤となった。国際機関のみならず,EU 等の地域統合設立の流れも理想主義の見地から注目に値する。

1−3　現実主義か？　理想主義か？

このように国際政治理論は大別すると現実主義と理想主義に分かれることになる。そして現実主義と理想主義は,磁石の N 極と S 極のごとく,その性格上まったく相反することがわかる。図表1−1でもう一度,現実主義と理想主義をキーワードを用いて対比する。

第1章　国際政治における現実主義と理想主義 ○── 7

図表 1 － 1　現実主義と理想主義のキーワード

現実主義（Realism）	理想主義（Liberalism）
anarchy（無政府）	order（秩序）
pessimistic（悲観的）	optimistic（楽観的）
uncontrollable（コントロールできない）	controllable（コントロールできる）
eternally insecure（永遠に不安定）	can be secure（安定しうる）
mutual distrust（相互不信）	mutual trust（相互信頼）
self-interested（利己的）	altruistic（利他的）
fixed（変わることがない）	improved, learning（改善，学習しうる）
fearful（恐怖に満ちている）	ideally peaceful（平和を理想とする）
national interest（国益）	individual interest, public interest（個人益，公益）
immoral（不道徳的）	moral（道徳的）reason（理性）

　国際平和に向けてのアプローチの仕方も，現実主義と理想主義では全く異な
る。現実主義においては，各国が依存しあうのではなく，軍事力を高め，その
結果各国が高い軍事力で拮抗しお互いに恐怖心をあおり，緊張を高め，「今戦
争しない方が得策である」と考え，その結果，国際秩序が維持されるのである。
一方，理想主義は，各国がお互いに理解し，協力し合い，「このように良好な
関係を保っている間柄で戦争をするなどありえない」と考え，戦争のない世の
中になっていくということである。

　国際政治の学問分野では，この現実主義と理想主義が論争を繰り広げてき
た。現実主義者は，理想主義を文字通りに「単なる理想論を述べているにすぎ
ない」といい，理想主義者は，現実主義を「夢も希望もない」と批判する。し
かし，両者の主張に対する具体的な正当性を見出すことができる。たとえば，
現実主義者のいうように国際社会において，少なくとも我々の歴史を知る限り
では，世界で戦争がまったく行われていなかった時代は（現在も含めて）一度
もない。また理想主義者のいうように現在の国際社会ではNGOのような利他
的な団体が増加しており，現在そのような団体を抜きにして国際社会は維持で
きない状況にもなっている。

次の章では，この 2 大国際政治理論である現実主義と理想主義に適用される具体的な事例をあげていくことにする。

【注】

1) Robinson D. and Groves J., *Introducing Political Philosophy*（Cambridge: Icon Books, 2003), pp. 45-47.

2) William H., *International Relations in Political Theory*（Buckingham: Open University Press, 1992), p. 57.

3) Burchill S., Realism and Neo-realism in Burchill S.（eds.）*Theories of International Relations*（New York: Palgrave, 2001), p. 81.

4) Viotti P. and Kauppi M., *International Relations Theory: Realism, Pluralism, Globalism*，石坂菜穂子（訳）『国際関係論現実主義・多元主義・グローバリズム』彩流社，2003 年，p. 24。

5) Doyle M., *Ways of War and Peace*（New York: W. W. Norton & Company, 1997), pp. 216-217.

第2章
国際政治理論のケースと課題

2－1 「囚人のジレンマ」と核兵器による軍拡競争：
現実主義のケース①

　学術的な分野における理論説明をする際に「ゲーム理論」を用いることが多い。本書のような国際政治理論を説明する際にも同様である。ここではまず，国際政治理論の現実主義の理解を一層深めるために「囚人のジレンマ」というゲーム理論を取り上げる。この「囚人のジレンマ」は，1950年，アメリカの軍事戦略の研究機関であるランド研究所（RAND）のメリル・フラッド（Merrill Flood）とメルビン・ドレッシャー（Melvin Dresher）によって発表された。

2－1－1 「囚人のジレンマ」とは
問　題
　共同で犯罪を行ったと思われる2人の容疑者が逮捕された。しかし警察は確固たる証拠をもっていなかった。そこで警察はこの2人の囚人に自白させるために，別々の部屋に連れて行き，次のような条件を同じ内容で伝えた。

- もし囚人が2人とも黙秘したら，2人とも懲役6カ月である。
- しかし共犯者が黙秘しても，自分だけが自白したら，自分は無罪になれる。しかし共犯者の方は懲役10年になる。
- 逆に，共犯者が自白し，自分が黙秘していたら，共犯者は無罪になれる。

10 ──○

しかし自分のほうは懲役 10 年になる。

●ただし 2 人とも自白したら，2 人とも懲役 5 年である。

　この場合 2 人とも隔離されているので，お互いの情報は伝わらないし，また事前の合意もない。よってこの囚人は，相手方が自白するのか，黙認するのか定かではないのである。問題はこのとき囚人は，相手方と協調するつもりで黙秘するべきであろうか。それとも相手方を裏切って自白することが得策であろうか。この 2 人の囚人を仮に，囚人 A，囚人 B とする。以上の内容を表にまとめると次のようになる（図表 2 - 1）。表内の左側が囚人 A の懲役，右側が囚人 B の懲役を表す。たとえば，左下においては，囚人 A が無罪，囚人 B が懲役 10 年となる。

図表 2 - 1　囚人のジレンマの内容

	囚人 B　黙秘	囚人 B　自白
囚人 A　黙秘（協　調）	（6 カ月，6 カ月）	（10 年，無罪）
囚人 A　自白（裏切り）	（無罪，10 年）	（5 年，5 年）

（解答・解説）

　上の表を一見すると，囚人 A も囚人 B も協調して黙秘してお互いが懲役 6 カ月で済むことを選択するであろうと考えるものも多いと推測される。しかしフラッドとドレッシャーによると，囚人たちが自分の利益を追求する限り，双方とも自白して相手方を裏切るであろうという。それは，仮に囚人 A の立場に立ったときに，囚人 A は以下のように考えるからである。

●もし囚人 B が黙秘したと仮定する（囚人 B 黙秘の部分のみを参照）。このとき自分（A）は，B と共に黙秘すれば懲役 6 カ月であるが，もし自分が自白したら何と無罪になれる（だから自白しよう）。

●もし囚人 B が自白したと仮定する（囚人 B 自白の部分のみを参照）。このと

き自分が黙秘したら，つまり自分のみが黙秘したことになったら懲役10年という重罪になる。しかし自分も自白すれば，懲役は5年で済む（だから自白しよう）。

　つまり囚人Bが，囚人Aをかばうつもりで黙秘しようが，また囚人を裏切って自白しようが，囚人AはBを裏切って自白する方が得策であると考える。囚人Bの立場に立っても同様である。よって結果双方が裏切って自白して，双方とも懲役5年の刑に処されることになるという。

　このケースでは，相手を信じていればある程度の苦痛（マイナス）で済むもの（懲役6ヵ月）を，相手を信じず，お互いが自分の欲を追求するばかりに結局は遥かに多くの苦痛（懲役5年）を強いられるというものであり，これがフラッドたちのいう「ジレンマ」なのである。

　ところでこの囚人たちの考え方は，前章の国際政治理論でいえば，現実主義あるいは理想主義のいずれの考え方になるであろうか。これは明らかに現実主義の考え方である。現実主義において国家は「相互不信」になり「自国の利益（国益）」の追求を第一義に考える。「相互不信」においては相手を裏切ることが多いし，相手の方が自分を裏切ることも大いに想定していよう。国益の追求も囚人たちのごとく「自国の欲」の追求ではなかろうか。

２−１−２　国家間の軍拡競争における「囚人のジレンマ」の適用

　上記の「囚人のジレンマ」は，国際政治の現実主義に類似する現象であれば，実際の国際政治の舞台においても「囚人のジレンマ」に相当する「国際政治のジレンマ」のような事例があるはずである。ここでは「国家間の軍拡競争」に例を当ててみる。さらに国家間の軍拡競争のなかでも「冷戦間の米ソの核戦略」について考えてみよう。

　核兵器というものは，20世紀の人類が開発した兵器のなかでは最も破壊力のある兵器であり，核兵器が一発でも投下されると大都市全体が破滅の状態にされてしまう。このことは第2次世界大戦に広島と長崎に落とされた核兵器の

一種である原子爆弾の破壊力を例にとってもいうまでもない。また地球上に存在する核兵器をすべて使用した場合，地球を何回分をも破壊する力があるといわれている。

　このような核兵器を所持することは，現実主義者にとってはとても重要なことであるし熱望することでもある。それは前にも述べたように現実主義において，最も重要なことは国際安全保障体制における国家の生き残りであり，そのためには国家の物理的な力である軍事力の強化が死活問題になるからである。この軍事力という物理的な力において最大の兵器がこの核兵器である。その結果，軍事大国を目指す国家は核兵器の所有を熱望する。

　つまり仮にライバル関係である，あるいは敵対関係である国家Aと国家Bがあったと仮定しよう。現実主義においては，両国とも相手国との力関係における優位性を得るために軍事力の増強に励むことが考えられる。その際に国家Aと国家Bの一方のみが核兵器を所有していたらどうであろう。仮に国家Aのみが核兵器を保有していたら，国家Aの方が軍事力においてかなり優位に立ち，軍事バランスが一方に偏るであろう。この場合，国家Aが核兵器を開発・所有することは国際政治においては大きな利益を生むことになる。ここでいう利益とは，戦争する以前においても「こちらのみが核兵器をもっている」という精神的に優位に立ち，戦争を行ったとしても核兵器を所有する国家Aが圧倒的な優位に立つ。同様に国家Bのみが核兵器を所有し，国家Aが所有していなかったら，逆に国家Bが軍事的な力関係が優位になり，国際政治の舞台においても国家Aを圧倒し，国家Bに精神的にも物理的にも大きな利益を生むと考えられる。

　一方で，核兵器を所有するには大変な労力がかかる。つまり核兵器を開発する時点で，大人数の科学者や研究者を雇い，長い年月をかけて，相当な国家予算も必要となる。核兵器が一応完成された段階になってもその完成された核兵器が実際に効力をもつのかを試す，いわゆる核実験が必要となってくる。つまり核兵器を所有するためには，いくら自国を軍事大国にしたいという欲望があっても，それを作り上げるにふさわしい経済大国であり技術大国でなければな

第2章　国際政治理論のケースと課題 ○—— 13

らないということだ。この時点で世界の小規模あるいは中堅の国家の多くは核
兵器を所有することを断念することになる。いい換えると，核兵器を製造・所
持すること自体には，経済的に大きな負担がのしかかるということである。

　また「核抑止」という言葉があるように，核兵器は破壊力が大き過ぎるゆ
え，使用するには政治的に大きな決断力が必要となる。そして先程の例でいえ
ば，国家Aと国家Bが双方とも核兵器を所有していると仮定しよう。この場合，
もし国家A・B一方が核兵器を使用した場合，もう一方の国家に相当の被害を
与えることになるが，この国家全体が破壊されない限り，今度は核兵器を受け
た国家が報復として，核兵器を最初に使用した国家に自国の核兵器を投下する
であろう。その結果双方とも多大な被害を受けることになる。つまり双方とも
余程の国家的危機が訪れない限り核兵器を使用することはないと考えられる。
これが「核抑止」の効果である。しかしこの状態では，相手方の敵対する国家
に対して精神的優位や軍事的優位に立つことができない。しかし国家の財政的
負担は大きい。その結果，精神的，軍事的，財政的な側面を総合的に考えると，
国家A・B両国とも核兵器をもつことが大きな利益を生むとは考えられない。

　それでは，前例に戻り「国家A・B双方とも核兵器を所有しない」というシ
ナリオを考えてみよう。仮に両国とも核兵器以外の兵器，すなわち通常兵器の
規模も同等と考えた場合，両国とも精神的にも，軍事的にも優位性は同等であ
る。つまり優勢劣勢のバランスだけを考えるのであれば，双方とも核兵器を所
有しているときと同じような「均等なバランス」を保っていることとなる。そ
れでいて核兵器を開発・製造をしない分，国家が科学・技術的にも財政的にも
大きな負担を強いられることがなく，核兵器製造に費やしたであろう財政をほ
かの分野（たとえば公共事業・福祉・教育・医療等）に充てることができる。つま
りこの場合，国家A・Bの精神的・軍事的・経済的にみた国家全体の総合的な
収支決算における利益は大きいといえる。

　つまり国家A・Bともに初めから核兵器の所有を考えなければいいのである
が，実際にはそうはいかない。これは前述の「囚人のジレンマ」のときに囚人
A・Bが事前に話し合いの機会を与えられなかったことと同様に，この核兵器

の製造においても，国家A・Bの双方が事前に自国の軍事政策や安全保障政策を相手方には伝えないからである。当然ながら現実的には，「自分の国は，このような類の兵器をこれだけ作りますよ」という情報は公開しない。公開しないで秘密裏に軍事増強を図り，相手方より軍事規模を大きくして，万が一の有事の際に備えるわけである。

　そしてここで繰り返し述べている国の精神的・軍事的・経済的な総合的利益を，現実主義者たちがいう「国益」といい換えることができよう。以上のことを総括して「囚人のジレンマ」のケースのごとく「国家A・国家Bが，核兵器を製造するか，製造しないか」によって国家が得る「国益」は，たとえば以下のようなバランスになってくると考えられる。

- もし国家A・B共に核兵器を作らなかったら，双方の国家の国益は，10になる。
- もし国家Aのみが核兵器を作り，国家Bが作らなかったら，国家Aの国益は20になり，国家Bの国益は，－10（つまり10の損失）となる。
- 逆に，もし国家Bのみが核兵器を作り，国家Aが作らなかったら，国家Bの国益は20になり，国家Aの国益は，－10（つまり10の損失）となる。
- もし国家A・B共に核兵器を作ったら，双方の国家の国益は，－5（つまり5の損失）となる。

　以上の内容をまとめると次のようになる（図表2－2）。表内の左側が国家Aの国益，右側が国家Bの国益を表す。例えば，右上においては，国家Aがマイナス10の国益（つまり10の損失），国家Bが20の国益となる。

図表2－2　核兵器製造による国家A・Bの総合的国益

	国家B・核兵器を作らない	国家B・核兵器を作る
国家A・核兵器を作らない	（10，10）	（－10，20）
国家A・核兵器を作る	（20，－10）	（－5，－5）

第2章　国際政治理論のケースと課題 ○── 15

　この核兵器のケースにおいても，もし国家 A・B 共に現実主義に基づいて軍
事政策を考えた場合，両国とも「核兵器を作る」という決断をとる。それでは
「囚人のジレンマ」の解説に従って，国家 A の立場に立って国家 A の政策立
案者や政策決定者がどのように考えるかを次のように推測できる。

● もし国家 B が核兵器を作らないと仮定する（「国家 B・核兵器を作らない」部
　分のみを参照）。このとき自国（A）は，もし核兵器を作らなければ自国の
　国益は 10 であるが，もし核兵器を作れば，その利益は 20 にも膨れ上がる
　（よって核兵器を作ろう）。
● もし国家 B が核兵器を作ると仮定しよう（「国家 B・核兵器を作る」部分のみ
　を参照）。このとき，自国はもし核兵器を作らなかったら，自国の国益は
　10 の損失となり，国家 B の国益 20 との差は，実に 30 となる。しかしも
　し自国も核兵器を作れば，国家の損失も 5 で済み，国家 B との差もなく
　なり双方痛み分けとなる（よって核兵器を作ろう）。

　この結果，国家 A は，国家 B が核兵器を作らないと仮定しても，作ると仮
定しても，結局核兵器を製造してしまうことになる。これは国家 B の立場に
立っても同様である。結局国家 A・B ともに核兵器を製造することになるので
ある。
　このケースでも，相手が核兵器を作らないと信じていれば，自国も作らずに，
その結果堅実な国益（プラス 10）を生むものを，相手を信じず，お互いが自分
の国益を追求するばかりに結局は遥かに多くの損失（マイナス 5）を強いられる
というものであり，これもブラッドたちのいう「囚人ジレンマ」と同様な現象
である。「囚人のジレンマ」ならぬ「核兵器のジレンマ」とでも呼べよう。
　このやりとりがもし現実主義ではなく理想主義者同士で行われたらどうであ
ろう。つまり理想主義者は，お互いを信頼し，世の中は「パワー」よりも「道
徳」や「理性」「倫理」が支配すると考える。そしてお互いが理解することに
より争いはなくなり，いつの日か平和な日々が到来すると信じている。よって

核兵器のような破壊的な兵器は自国も製造することはなく，相手国も製造しないと信じるであろう。理想主義の考え方では国家 A・B 双方が核兵器を作らずその結果両国が 10 の国益を生むことになる。

しかし現実はどうであったか。核兵器は世の中から消滅していったであろうか。答えはもちろん否である。核兵器は 1939 年アメリカで「マンハッタン計画」といわれる政策の下にその開発がはじめられ，優秀な科学者と莫大な国家予算を投じた結果，アメリカは 1945 年には最初の核兵器である原子爆弾を 3 つ完成させた。そのうちの 1 つは原爆実験として使用され，残りの 2 つは広島と長崎に投下された。第 2 次世界大戦後に，アメリカ・ソ連の東西冷戦が本格化していくにつれてソ連もアメリカに負けじと核兵器開発に乗り出し，何と 4 年後の 1949 年にソ連は最初の原爆実験に成功する。つまりアメリカが 6 年かけて原爆の開発に成功したのに比べ，ソ連は 2 年早い 4 年間で原爆を作り上げたことになる。この 4 年間は，先程述べた「核兵器のジレンマ」の国益表でいえば，アメリカの核兵器所持・ソ連の不所持の結果，アメリカ国益が 20 になり，ソ連の国益がマイナス 10 になり，両国の国益の差が 30 に開き，焦ったソ連が国家の総力を決してこの軍事不均衡を是正すべく，核兵器開発に急いだと考えられる。この核兵器における軍拡競争は一層過熱化し，当初 3 発しかなかったアメリカの核兵器は，1966 年には約 32,000 発，ソ連に至っては 1986 年には約 45,000 発も所持していたとされている。つまり冷戦時代においては，アメリカとソ連の核兵器だけで広島と長崎に落とした原子爆弾と同等なものが合わせて 70,000 発以上保有されていたことになる。

ここで「核兵器のジレンマ」の話に戻ると，国家 A と国家 B がそれぞれソ連とアメリカになる。図表にすると次のようになる。

　　　国家 A：国家 B ＝ ソ連：アメリカ

ところで，冷戦時代の国家におけるライバル・敵対関係はアメリカとソ連にとどまらない。すなわち資本主義国家と社会主義国家の対立だけではない。たとえば，社会主義国同士でもライバル関係は存在していた。ソ連と中国の関係

第2章　国際政治理論のケースと課題 ○── 17

がそれに当たる。この2大国は地理的にも隣接し国土や経済規模等も類似しているために当然「社会主義国のリーダー」としての地位を争うことになる。よって前述の「ジレンマ」の話に戻ると，

　　　国家A：国家B＝中国：ソ連

という図式になる。ここでソ連だけが核兵器をもち，中国がもっていなければ，先ほどの国益の度合いで中国が相当不利になる。その結果，中国も核兵器の開発を決意した。特に1959年の中ソ協定破棄後，中国は独力で核開発に着手した。そして1964年中国西部地区で原爆実験に成功し，1967年には水爆実験に成功し同年中国は正式に核保有国となった[1]。そして1993年に中国は435発もの核を保有した。

　同様に，中国に隣接し，やはり中国をライバル視する国家としてインドがあげられる。実際に1959年の中国チベット仏教の宗教指導者であるダライ・ラマのインドへの亡命の受け入れを契機として，1962年に中国とインドは戦争を行っておりこの戦争においては中国が勝利している（中印戦争）。この件に関して，同様に先述の「ジレンマの図式」に従えば，

　　　国家A：国家B＝インド：中国

となる。よって1967年の中国の核兵器所持により，中国・インド間の軍事バランスが大きく不均衡となった。中国核兵器所持・インド核兵器不所持により，中国の国益が高まり，インドの国益はかなり低下したことになる。これを解決させるためにインドも核兵器の開発をはじめた。その結果1998年5月11日，インドは熱核反応装置実験に成功をおさめ，正式な核保有国となった。

　他方で，インドに隣接して，インドをライバル視する国家としてパキスタンがあげられる。元々インドとパキスタンは同じイギリスの植民地であり，1947年イギリスはインドの独立を承認し，その際にヒンズー教徒を中心とするインドと，イスラム教徒を中心とするパキスタンに分離された。しかし国境線の決定に関して両国が同意することが困難であり，とりわけカシミール地方を巡っ

て両国は3回にわたり戦争（インド・パキスタン戦争）を行っており，この領土問題は未だ解決していない。また東西冷戦時代には，アメリカはインド・パキスタンの対立構造においてパキスタン寄りの外交姿勢を示したために，インドはソ連と同盟関係を形成した。つまりインド・パキスタン戦争は，米ソの代理戦争の意味合いも含まれた。ここでも両国の敵対関係を「ジレンマの図表」に従えば，

　　　国家A：国家B＝パキスタン：インド

という構造になる。インドの核開発は，上述したように中印戦争の敗北と1964年の中国の核実験成功による危機感から「対中国」が念頭にあったのに対して，パキスタンの核開発は，インド・パキスタン戦争の敗北を機に「対インド」をまず念頭に置いている。特筆すべきことに，パキスタンの最初の核実験は，インドが核実験を行った17日後の1998年5月28日に行われた。これは，インドとパキスタンは時を同じくして核開発をはじめ，お互いが核兵器の所持を誇示し合うかのように核実験に踏み切ったと推測される。つまりインドも中国を仮想敵国として核開発をはじめたが，現在では「対パキスタン」を主目的としての核開発がより現実的な軍事的方向性である。インドとパキスタンがお互いに相手方が核兵器を開発していると想定し，ならば自国も核兵器開発が急務であると考えたわけである。

　以上のように冷戦後の核兵器開発は，アメリカからソ連，ソ連から中国，中国からインド，インドからパキスタンと「ドミノ倒し」のごとく連鎖していった（これをドミノ理論という）。これは，「アメリカ－ソ連」「ソ連－中国」「中国－インド」「インド－パキスタン」との国家間で，まさに現実主義に基づく「核兵器のジレンマ」に陥ったことになる。

　課題も多い。上述の国益表に基づけば，お互いに核兵器を製造してしまうと，お互いに核兵器を製造しなかったときと比較して，国全体の国益は低下してしまう。前にも述べたように，とりわけ核兵器を開発・製造するための財政負担は相当なものである。しかし上記の国々が核兵器における軍拡競争を続けるに

つれ，ソ連のようにたとえ超大国でも社会主義ゆえ経済効率が低い国家は，核兵器製造のための財政負担のために国家の存続の危機が訪れ，1991年についに崩壊したのであった。また核保有国の1つであるパキスタンも核開発に国家予算の7％をも費やしているといわれている。パキスタンは，その1人当たりの国内総生産がわずか1,016ドルであり，世界でも182カ国中143位という発展途上国である。おそらくは使用しないであろう核兵器の開発・製造のためにパキスタンは相当な経済的犠牲を払っていると推測される。

　このように第2次世界大戦後から現在における世界の核兵器による軍拡競争は，国際政治理論でいう現実主義を具体化したケースの1つであることがわかる。国家がその軍事政策をお互いに秘密裏にし，常にパワーを求め，国益を第一に考えるというまさに現実主義に基づいた姿勢が現在の核社会をもたらしたのである。しかし，国家の軍事力は経済力に見合ったものであるべきという課題が残されている。

2－2　アメリカの国際紛争介入政策：現実主義のケース②

問　題

　ときに，アメリカは「世界の警察官」といわれることがある。アメリカは，国外の紛争に自国の軍隊を派遣することによって，その紛争の解決を目指し，世界の安全の維持に貢献しているからということである。それが正しいとすればアメリカの外交政策は「利他主義」に基づく理想主義を掲げていることになる。果たしてそうなのであろうか。「他国の紛争を解決する」という行為が他国の利益のみに基づいているのであれば，それは理想主義政策であろう。しかし「他国の紛争を解決する」ことが自国の利益，つまり国益にかなうものであれば，それは現実主義に基づく政策である。それでは，アメリカの国際紛争介入政策が理想主義に基づくものであるのか，現実主義に基づくものであるかを知るために，以下の問題を掲げることにする。

　問題として，次にA・B・C・Dの4つの国際的な紛争をあげる。そのなか

20 ──○

で「世界の警察官」といわれているアメリカが介入した取り組みで「熱心に」
あるいは「積極的に」対応した順番と，その理由を考えてみよう。

　　A．中米諸国グレナダの共産化の暴動に対する対応（1983 年）
　　B．中東イラクのクウェート侵攻に対する対応（1990 ～ 1991 年）
　　C．旧ユーゴスラビアにおける民族紛争に対する対応（1991 ～ 2000 年）
　　D．ルワンダの大虐殺に対する対応（1994 年）

（解答・解説）

1 番目：A．中米諸国グレナダの共産化の暴動に対する対応（1983 年）：即時
単独の軍事介入

　1983 年 10 月 13 日，中米カリブ海に浮かぶ島国グレナダにおいて軍事クー
デターが発生した。アメリカは，CIA の調査によって，このクーデターによ
り権力を掌握した革命政権はソ連とキューバに軍事援助を受けているという情
報を入手した。すなわち東西冷戦の真只中という当時において，ソ連が中南米
においてグレナダをキューバに続く第 2 の共産化の拠点にしようとする政策が
明確になったのである。グレナダ国内にはキューバ軍が駐留をはじめた。

　これに対してアメリカのとった行動は，即時単独でのグレナダへの軍事侵攻
というものであった。軍事クーデターからわずか 12 日後の 1983 年 10 月 25 日，
アメリカのレーガン大統領は，兵力 1,000 名からなるアメリカ軍をグレナダに
侵攻させた。軍事介入の公式上の理由は「グレナダにいる 1,000 名のアメリカ
国籍の医学生を救出するため」であったが，最大の理由は，グレナダを「第 2
のキューバ」にさせることを何としてでも阻止するためであった。

　アメリカ軍とグレナダ・キューバ軍との間の銃撃戦は 7 日間続き，アメリカ
兵は 7,000 名まで増強された。その結果，グレナダ・キューバ兵は投降するか
山中へ逃亡していった。結果的に，グレナダにおけるソ連の共産化政策は阻止
されたが，この戦闘において 19 名のアメリカ兵，49 名のグレナダ兵，29 名の
キューバ兵が犠牲になった。

第 2 章　国際政治理論のケースと課題 ○── 21

　それでは，なぜアメリカは「即時単独での軍事介入」という積極的な政策を
グレナダでとったのか。それは現実主義の筆頭の目的である「自国の生き残り」
であり「アメリカそのものの安全保障」にかかわることであったからである。
つまりアメリカにとっての「裏庭」であるカリブ海での安全保障面の不安定は
アメリカ本国に影響しかねない。その不安定の要因が「共産化」であれば，東
西冷戦時代では「致命傷」になりかねないのである。

　すでに 1962 年のキューバ革命以降，キューバは共産国家となりソ連の影響
下にはいっており，そして今回グレナダまでもが共産化されてしまえば，また
中南米全体において共産主義への革命が再発してしまう恐れがあった。よって
アメリカは，他国への打診をすることなく即刻独自の大規模な軍隊をグレナダ
に派遣したのであった。ここでいうアメリカの国益とは「自国の生き残り」そ
のものであったのである。

2 番目：B. 中東イラクのクウェート侵攻に対する対応（1990 ～ 1991 年）：国連の承認を得たのちの同盟国との軍事介入

　この事例は「湾岸危機」そして「湾岸戦争」として広く知られているもので
ある。1990 年中東においてイラクが隣国の小国クウェートに侵攻し，イラクの
サダム・フセイン大統領はクウェートのイラクへの併合を宣言した。このイラク
のクウェート侵攻にはさまざまな理由が考えられた。イラクは 1980 年から 8 年
間に渡り隣国イランと戦争を行っており（イラン・イラク戦争）その戦争によっ
て費やした経済的負担を石油資源の豊富なクウェートを併合することによって
軽減したいということ，また海のないイラクは，クウェートを併合することに
によりペルシャ湾を最大限に活用したいということ，また全体主義国家のイラク
のフセイン大統領は 1979 年の就任以来「中東にイラクの大帝国」を築くとい
う野心があったとされ，このクウェートの併合もその野心の 1 つであったとさ
れている。またイラクは，クウェートがイラクの領土にあるルマイラ油田から
石油を盗掘していることがクウェート侵攻の理由の 1 つであると主張した。こ
のイラクの突然のクウェート侵攻によって，小国クウェートの国王はサウジア

ラビアに逃亡し，イラク軍はクウェートを完全に占領した形となった。

　このような明らかな国際法違反の行為を行ったイラクのクウェート侵攻に対して，「世界の警察官」と自称するアメリカはどのような対応をしたのであったか。アメリカのブッシュ（父）大統領は，イラクの行為を厳しく批判しながらも，グレナダのケースのようにアメリカ軍を単独で行動させることはしなかった。このクウェート侵攻に対する国連によるイラク軍の無条件撤退を求める決議（1990年8月2日の決議660や1991年11月29日の決議678など）にイラクがまったく応じないことを理由に，アメリカは国連の承認を得た後に，1991年1月17日，28カ国からなる同盟軍（多国籍軍）を結成しイラクに対する軍事制裁，いわゆる湾岸戦争に踏み切った。この多国籍軍は兵力が80万人強であったが，そのうちの50万人強はアメリカ兵であった。この戦争では，ハイテク兵器を使用したアメリカ主導の多国籍軍が終始圧倒し，また地上軍の活躍もあり，結果は多国籍軍の一方的な勝利に終わった。そしてイラク軍はクウェートから撤退した。

　この湾岸危機において，アメリカはグレナダの時と違い，クウェート侵攻から約5カ月状況をみてからアメリカの主張に同意する国々と同盟を結び，その国々と多国籍軍を結成して湾岸危機に対して軍事介入をしている。

　それでは，この湾岸危機に対するアメリカの介入にはどのような国益があるのか。これはイラクやクウェートが立地する中東という地域が重要に関係してくる。すなわち中東地域は天然資源である石油の宝庫であり，アメリカのみならず，その同盟国である日本やイギリスをはじめ，世界の多くの国が中東の石油に依存しているからである。この中東の政情不安定や安全保障の危機は，石油資源の輸出停滞を引き起こし，それが世界経済の停滞にもつながる。よってここでいうアメリカの国益とは，アメリカを含めた「世界経済の安定」ということになる。この「世界経済の安定」は，グレナダのケースでの「国家の生き残り」と比較すると国益の度合いでは低いのかもしれない。よってアメリカの湾岸危機における対応の積極性（国連の承認を待っての同盟国との軍事介入）もグレナダのケース（即時の単独軍事介入）よりは若干弱まっているといえる。しかしアメリカ軍が他国の紛争のために自ら軍を介入させたという点においては相

第2章　国際政治理論のケースと課題 ○—— 23

対的には積極的な対応であったといえる。

3番目：C．旧ユーゴスラビアにおける民族紛争に対する対応（1991〜2000年）：国連 PKO に依存した後に NATO による空爆

　東西冷戦の終了は，国際政治の様相を大いに変貌させた。冷戦期においては表面化しなかった一国内の民族や宗教間のわだかまりは，冷戦後に一気に激化し，民族紛争・宗教戦争へと悪化した。第2次世界大戦後に成立したユーゴスラビア社会主義連邦共和国もその例外ではなかった。ユーゴスラビアは「1つの国家，2つの文字，3つの宗教，4つの言葉，5つの民族，6つの共和国，7つの国境線」[2]を有すると言われるほど複雑な国家であった。その6つの共和国のひとつであるセルビア共和国にスロボダン・ミロシェビッチが1989年に就任すると，彼はセルビア国内で「セルビア第一主義」を唱え，コソボ自治州の自治権を取り上げるなど独裁政治を行いはじめた。これに対抗するかのように1991年6月にスロベニアとクロアチアが独立を宣言した。これを国家の裏切りと判断して，セルビア人を主体とするユーゴスラビア連邦軍が両国を攻撃し，内戦がはじまった。

　このユーゴスラビアの内戦に対してアメリカは，当初は国連に大きく依存していた。国連は1992年2月にユーゴスラビアの民族紛争を食い止めるために，国連平和維持活動（PKO）である国連保護隊（UNPROFOR）を承認し[3]アメリカもその派遣国42カ国の1カ国として少数のアメリカ軍を派遣した。

　ユーゴスラビア内でもとりわけボスニア・ヘルツェゴビナでは独立を目指すクロアチア人，イスラム教徒勢力であるムスリム人と独立反対のセルビア人による戦闘が激化した。ボスニアの首都のサラエボではムスリム人がセルビア人に包囲され18カ月にもわたり一般市民が砲撃を受け続けた。またミロシェビッチの「セルビア第一主義」は，他民族の存在を否定する「民族浄化政策」に発展した。たとえば1995年7月国連の保護下に置かれていたスレブレニッツアではセルビア人の攻撃を受け7,000人のムスリム人が虐殺されるという事件が起きた。

こうした行為に国際世論の批判が高まり，これを受けたアメリカ主導の北大西洋条約機構（NATO）の軍隊が，1995 年 8 月ボスニアのセルビア人勢力の軍事拠点に大規模な空爆を行った。その後 1995 年 11 月，アメリカの調停のもとにボスニア和平協定（デイトン合意）が調印された。また 1995 年 12 月国連保護隊に代わり NATO 主導の PKO である和平履行部隊（IFOR）が配備された。

　このユーゴスラビア紛争を振り返るとアメリカは 1992 年からの 3 年間は国連 PKO（UNPROFOR）にその紛争解決を依存していたことになる。そしてその国連 PKO があまり効果がないとみるや自らの軍事同盟である NATO を利用しての空爆を実施している。これは明らかに上記の湾岸危機での対応ほど積極的ではないことがわかる。しかしここでもユーゴスラビア紛争を解決することよってアメリカが得られる国益というものがあった。それは「ヨーロッパの安全保障」「ヨーロッパの安定」である。ヨーロッパの安全はアメリカにとって意義のあるものである。なぜならアメリカが所属する軍事同盟であるNATO は，アメリカとカナダを除けばすべてヨーロッパ諸国だからである。同じ軍事同盟に所属している国家が外部集団から攻撃を受けたら，自国への攻撃と同等とみなし，同盟国全体でその外部集団に攻撃をかけなければならない。ユーゴスラビアはヨーロッパに属しており，よってユーゴスラビアの安全保障上の不安定は，アメリカの同盟諸国まで飛び火する恐れがあり，よって戦火がヨーロッパ内に広がる前に鎮圧する必要があったといえる。また経済的にもアメリカは自由貿易によって国の経済が保たれており，ヨーロッパ諸国はアメリカの重要な貿易相手国である。ヨーロッパが戦争に巻き込まれるとヨーロッパ経済が著しく低下し，よってアメリカの貿易額も大きく低下することになる。その結果アメリカ経済も大きく停滞しかねない。よってヨーロッパを戦争状態に巻き込ませないことがアメリカにとって経済的にも重要である。さらに，これは第一義的ではないが，ヨーロッパは，基本的にはアメリカと同じ白人キリスト教国家の集団である。人種的文化的な同朋意識も介入の要素の 1 つであろう。

第2章　国際政治理論のケースと課題 ○── 25

4番目：D. ルワンダの大虐殺に対する対応（1994年）：介入せず

　ルワンダはアフリカ中央部に位置し，国土の面積は日本のそれよりも10分の1にも満たず，また人口も600万人程度の小国である。そのような国家においておよそ100万人の死者をだしたともいわれているのが，1994年に起きたルワンダ大虐殺である。ルワンダではベルギーの植民地支配のもとでは少数派であるツチを支配層とする体制が築かれていた。1962年のルワンダの独立の前にはツチとベルギー政府との関係が悪化し，後者はフツによる政治体制を支援した。1973年にフツのハビャリマナがクーデターを起こして政権を樹立すると，ウガンダのツチ系難民がルワンダ愛国戦線（RPF）を組織してハビャリマナ政権に対する反政府運動を活発化させた。1993年8月にツチとフツの間でアルーシャ協定が結ばれ，和平合意に至った。しかし1994年4月ハビャリマナ大統領を乗せた飛行機が何者かによって撃墜されたことによって，その報復措置としてフツによるツチの大虐殺ははじまった。

　虐殺は，メディアの煽動，民兵組織の結成，武器の事前供給，虐殺対象の事前確認などによるフツ側の周到な準備が行われていたこともあり，約3カ月で100万人近くのツチ族が虐殺されたといわれている。

　このような政府主導の反人道的国家規模の犯罪行為に対して国連やアメリカはどのような対応をとったのであろうか。ルワンダにおいては，国連PKOである国連ルワンダ支援団（UNAMIR）が1993年5月より，新政府の樹立支援，停戦監視，治安維持および人道的援助を目的として設立されていた。しかしルワンダにおける大虐殺が深刻化してからは，UNAMIRの要員は，当初予定されていた2,500人から70人に縮小された。UNAMIRは，ルワンダにいる外国人の避難のみに焦点を当てた活動を行うよう国連より指示を受けた。アメリカは実際にまったく介入をしなかった。まったく何もしなかったことになる。国連やアメリカの支持を得られないままルワンダの虐殺は，その後RPFがツチの保護を掲げて攻勢に出て1994年7月に全土を掌握するまで続けられた[4]。

　それでは，アメリカはどうしてルワンダに介入をしなかったのか。それは国際政治理論の現実主義でいえば「アメリカにはルワンダ紛争に介入するための

26 ──○

国益がなかったから」である。ルワンダへの介入には，上にあげた3つのケースのように「自国の生き残り」「世界経済の安定」「ヨーロッパ（同盟地域）の安全保障」「自国の自由貿易経済の維持」「同朋意識」のような大義名分に当たる国益がアメリカにはなかったからである。アメリカは「世界の警察官」と自称する一方で，「現実的」には世界の警察官にはなりきれなかったことになる。これが現実主義に基づく国際政治の「現実」であった。

　しかし課題も残された。このルワンダにおける国際社会の消極性は後になってから大きな批判を受けることとなった。1999年，ルワンダ虐殺当時のアメリカの大統領であったビル・クリントンは，自国のメディアにて「当時のアメリカ政府が地域紛争に自国が巻き込まれることに消極的であり，ルワンダで進行していた殺りく行為が大虐殺（ジェノサイド）と認定することを拒絶する決定を下したことを後に後悔した」と述べている。現実主義に基づく過度な国益偏重主義には課題が残される。

　以上の4つのケースをまとめると以下の図表2－3のようになる。

図表2－3　アメリカの国際紛争における介入の積極性

順位	ケース	アメリカの対応	アメリカの国益
1位	中米諸国グレナダの共産化の暴動（1983年）	即時の単独軍事介入	（冷戦時代における）自国の生き残り
2位	中東イラクのクウェート侵攻（1990〜1991年）	国連承認後の同盟国との軍事介入	世界経済の安定
3位	旧ユーゴスラビアの民族紛争（1991〜2000年）	国連PKOからNATO軍での空爆	同盟国地域の安全保障・経済安定
4位	ルワンダの大虐殺（1994年）	アメリカは介入せず	国益なし

　このようにアメリカは，自国にとって国益が大きいと思われるケースほど，積極的に介入することがわかる。しかし，だからといってアメリカを御都合主義の国家であると結論づけるのは早計である。アメリカに限らず，国際社会のほとんどの国家において同様の外交政策をとっている。すなわち「外国で行わ

れている紛争に介入する」というと「自国の軍隊をささげる」という意味で利他的なイメージがついてくるが，実際には「どれだけの軍隊を，どのようなタイミングで，どのような形で」派遣するかはケースバイケースであり，それはその国家の国益に基づくものであるということがわかる。

２−３　ヨーロッパにおける地域統合：理想主義のケース①

　東西冷戦時代には，米ソの傘下国による局地的な「代理戦争」といわれるものがあった。たとえばイスラエルとその周辺のアラブ国家との間の中東戦争（ここではイスラエルがアメリカ側，アラブ諸国がソ連側），インド・パキスタン戦争（インドがソ連側，パキスタンがアメリカ側），イラン・イラク戦争（イランがソ連側，イラクがアメリカ側）がそれに当たる。しかしこの代理戦争というのは，その言葉のごとく「アメリカとソ連の覇権争い」を主目的としている戦いではない。これは中東や南アジアで，その地域における諸事情で戦争が起こり，その戦争に米ソが自分の傘下の国を援助するために武器を供給しているに過ぎない。すなわち冷戦の時代は，資本主義と共産主義がそのアイデンティティーを賭けて真っ向から対立したイデオロギー戦争というものはほとんどなく，もろもろの地域戦争があったに過ぎない。そういう意味では，その時代においては冷戦の名にふさわしく国際社会は「冷え切っていた」まではいかないが「クールであった」といえよう。

　それでは，どうして冷戦時代が比較的に「クールであった」のか。いい換えれば，どうして冷戦時代に大国同士が対決する戦争がなかったのか。これにはいろいろな事柄が考えられる。まず考えられるのが「核抑止力」の原理である。上述したように，冷戦時代に核兵器保有国や保有量は「ドミノ理論」や「核兵器のジレンマ」に従い増加していった。その結果，核兵器をいったん使用することになると致命的な被害を受けることになり，結局核兵器は「使用されないが戦争を抑止する」兵器としての機能が果たされた。

　しかし冷戦時代に深刻な戦争が起きなかった理由は，核抑止の原理だけで

28 ──○

あろうか。実際に核兵器を保有している国家は，世界広しといえど 10 カ国に
も満たない。つまり核兵器を保有しない国家間（とりわけ中堅国家間）での通常
戦争が起きても不思議ではなかったはずである。それではどうしてそのような
国家で戦争を起こさなかったのか。それは第 1 次世界大戦，および第 2 次世界
大戦による悲惨な戦争被害により世界の多くの国々が反省し，あのような大規
模な戦争を起こすまいと国際社会が決意したからではなかろうか。とくに欧米
諸国や日本のような世界の主要国が大戦後に戦争を起こしていないのは意義深
い。

　ヨーロッパ諸国に関していえば，中世時代よりナポレオンの時代を通して
絶え間なく戦争を繰り広げてきたが，第 2 次世界大戦後はその反省をふまえ，
ヨーロッパ内での戦争を回避することを目的として地域共同体を作るようにな
った。このような地域連合および地域統合は，ヨーロッパのみならずアジア，
アメリカ，アフリカ等でも形成されるようになった。国家同士が協調しあうと
いうことは国家同士が相互依存するということであり，国際政治の理論では理
想主義の原理が働いていたといえる。ここではヨーロッパを例に取ってみる。

　第 2 次世界大戦後，ヨーロッパでは，1952 年にヨーロッパ石炭鉄鋼共同体
（ECSC）が発足された。これはヨーロッパ内の石炭や鉄鋼の貿易に関する関税
の撤廃を目指すもので，フランス，西ドイツ，イタリア，オランダ，ベルギー，
ルクセンブルグがこの ECSC に参加した。さらにこの 6 カ国の間で石炭・鉄
鋼以外の分野での協力体制の必要性が論じられ，1958 年にヨーロッパ経済共
同体（EEC）とヨーロッパ原子力共同体（EURATOM）[5] が設立され，この 3 共
同体は，1967 年に統一され，ヨーロッパ共同体（EC）と総称されることとな
った。

　このように「1 つのヨーロッパ」すなわちヨーロッパ統合に向けて 1950 年
代から 1960 年代においては，ヨーロッパの経済における統合がある程度実現
された。これは「ヨーロッパの国家間の戦争をなくす」という目標を達成する
には，まずヨーロッパ内の国家の経済力を高める必要性が認識されたからであ
る。これはいつの時代でも低い経済力すなわち貧困が争いを生むという自然の

第2章　国際政治理論のケースと課題 ○── 29

原理に起因するものである。現実に第2次世界大戦後に経済的に疲弊したヨーロッパ諸国は，アメリカからも財政援助（マーシャルプラン）を受けていた。そして1970年代には日本，そして1980年代にはアジア諸国の経済的台頭を受け入れるようになり，この1950・60年代におけるヨーロッパの経済的統合への動きは正しい選択であったといえる。このように経済的にせよヨーロッパの主要6カ国が統合への道を歩みだしたことは，この地域が中世の時代より常に争いを行ってきた事実を鑑みると画期的なことであった。特に領土問題等で長年戦争が絶えなかったフランスとドイツ（当時は西ドイツ）が協調体制を築きはじめたことは大いに注目すべきことであった。

　このように国家間の協調体制の構築というものは，現実主義者にとっては受け入れられるものではないが，理想主義者にとっては積極的に歓迎すべきことであった。また国家が安全保障のみならず経済の発達にも重点を置くという政策も現実主義者には相容れないものであったといえる。

　当初は6カ国ではじまったECは，1973年にはイギリス，アイルランド，デンマークが，1981年にはギリシャが，そして1986年にはスペイン，ポルトガルが加盟しECは次第に拡大していった。

　1990年代になるとヨーロッパは，経済の分野のみならず，政治，軍事，金融の分野を含む包括的な地域統合を目指し，1991年ついにその念願を達成すべくヨーロッパ連合（EU）が発足された。本部は，加盟国の言語であるオランダ，フランス，ドイツ語が話されているベルギーのブリュッセルとなった。2007年にはポーランド，チェコ等の東ヨーロッパ主義国やキプロスやマルタのようなヨーロッパの小国も含めて10カ国が同時に加盟を果たした。さらに2007年には残りの東ヨーロッパ諸国のブルガリアおよびルーマニアが加盟し，2025年現在EUは27カ国，人口約5億人の大経済圏に成長した。また1999年にはEU共同通貨ユーロを導入し，EU加盟国のほとんどの国がユーロを国内通貨として使用している。

　このEU設立によるヨーロッパの統合によりEU27国内における「人」「もの」「金」の流れが完全に自由になった。この事によるEU加盟国内の利点は

計り知れない。たとえば，EU 内の関税が撤廃または大幅に緩和されることにより，EU 内の企業が国境を越えての販売が広がり，市場が広がることが可能になった。その結果，それぞれの国の企業がほかの国の企業と競争になり，競争力が強まる。また貿易のみならず工場や企業ごとの海外移転も容易になる。たとえば，賃金水準の高い国（ドイツ等）が，安い国（ポルトガル等）に工場を移転することにより人件費を節約することが容易になる。また統一通貨ユーロの導入に対するメリットも大きい。これは個人レベルで通貨の両替が必要でなくなる分，旅行者は手数料負担がなくなる。また通貨統一のために，他国との物価が容易に比較できる。さらに国レベルの問題でも，EU 同士の国家の貿易に米ドルを使用しなくて済み，その結果世界経済全体でドルの地位が相対的に低下し，ユーロの地位が上昇する。

　また EU を 1 つの経済圏としてとらえた場合，各国家がすべての産業に均等に従事していくよりは EU 内での国ごとに特定産業に特化していく経済戦略も注目される。その結果ハンガリーは，EU のなかでも IT 産業の拠点を目指すようになり，チェコも同様に自動車産業の拠点を目指すようになった。

　政治外交の分野でも EU 統合によるメリットは大きい。EU では独自の議会そして 2009 年 11 月より EU の大統領が誕生した。国家としての独自の政策を尊重する一方，多様性の中にも EU としての共通の政治政策を追求することは，今まで秘密裏にしていた情報を公開することにもつながる。その一例として，フランスの外務省には仏独連帯事務局を設置することによりフランス・ドイツ間の情報を共有し，仏独の結束を高めることとなった。また外交政策においてEU は，テロや中東問題に対して共通した政策をもち「テロとの戦いは国際法に従うべき」という一貫性をもった主張をし，実際にアメリカがイスラエルのパレスチナに対する永年の武力行使を黙認しているのに対して，EU は中立的な立場をとっている。「ヨーロッパ安全保障戦略」では，アメリカの一国行動主義を批判し，EU は多国間主義を提唱している。よって EU は，国連中心の外交も推進している。

　また地球温暖化等を扱う環境問題に関しても，EU はアメリカと一線を画

第2章　国際政治理論のケースと課題 ○── 31

している。1997 年に京都における国連気候変動枠組み条約第 3 回締約国会議
(COP 3) で採択された，いわゆる「京都議定書」では，先進国全体で温室効果
ガス 6 種類の排出量を 1990 年レベルから平均 5.2% 削減を目標とされた。その
際に共同達成方式ではあるが，日本 6%，アメリカ 7%，そして EU8% の削減
が課せられた。しかしその後アメリカでは，1999 年上院議会において「途上
国の意味ある参加が義務とされない議定書には反対する」という議決が可決さ
れ，結局京都議定書から脱退を表明した。一方 EU は，京都議定書を批准し，
温室効果ガス 8% 削減という目標は達成された。また海洋環境の保護のために
漁獲高の制限を EU の加盟の条件としている。

　同様に人権問題に関しても EU 内で統一した見解を示している。たとえば死
刑制度に関しては，EU はあらゆる状況下での死刑制度の廃止の立場を示して
いる。死刑制度の廃止は，EU の加盟条件にもなっている。EU は人類の生に
対する尊厳に基づき，世界全域での死刑廃止を目指しており，日本，アメリ
カ，中国といった死刑制度を採用している国々にその制度の廃止を呼びかけて
いる[6]。

　さらに軍事面においても EU はヨーロッパのみならずその周辺地域の安全保
障体制の構築のために大きな貢献を果たしている。そのひとつにヨーロッパ迅
速展開軍 (ERRF) がある。ERRF は，1990 年の EU におけるヘルシンキ大会
で提案され，2000 年 11 月にはその設立が EU の能力向上委員会で正式に決定
された。ERRF の設立により 60 日間以内で 60,000 人の EU 兵士の PKO 等の
オペレーションへの展開が可能になり，EU はそのような展開軍を最低 1 年維
持させることが可能になった。その結果 2003 年 5 月 EU は，アフリカのコン
ゴ民主共和国の治安維持および平和構築のために，EU 加盟国 15 カ国から構
成される EU 軍 (IEMF) 1,800 名の兵士を 4 カ月間派遣した。また EU は，ヨー
ロッパの軍事産業の育成と EU 軍の装備面の強化を目的として EU 内での戦闘
機 (EuroFighter) の製造に着手した。この戦闘機の製造は EU 加盟国内での分
業とし，イギリスがコックピットを，イタリアとスペインが翼を，ドイツが胴
体の組み立てを担当している。

しかしヨーロッパの統合には多くの課題が存在する。たとえば，EU 内の高い経済力の国は，弱い経済力の国より多くの移民を受け入れる可能性があり，自国民の失業率の増加や国内の治安の悪化も予想される。2020 年のイギリスの EU からの離脱はまさにこのような理由によるものと考えられる。また EU の加盟国や加盟を希望する国家は，EU 内で定められた高い基準（貿易，経済，環境，人権等）に従わなければならない。その基準に達しえない国家，または企業は競争力に屈し淘汰される可能性もある。またあらゆる面において「EU での共通政策」を追求するあまりに自国らしさ，つまり国家のアイデンティティーを失いかねない。

さらに EU は，設立以来加盟国を徐々に東方に拡大し，2004 年以降は旧ソ連圏の東ヨーロッパ諸国も加盟するに至った。EU の東方拡大はロシアにとっては西側諸国の勢力拡大と考え，「最後の砦」として考えられた隣国ウクライナの EU そして NATO への加盟の試みは，2022 年以降のロシア・ウクライナ戦争を引き起こすこととなった。EU の設立理念は理想主義であっても，現在は対外的にそのパワーを誇示することも認識される。

2－4 「人間の安全保障」，「人道的介入」と「保護する責任」： 理想主義のケース②

1980 年代の後半から 1990 年代の前半にかけて東西冷戦が終了し，アメリカ一極の民主主義社会の到来と国際安全保障体制の確立が期待された。しかし現実には「冷たい戦争（Cold War）」が「熱い平和（Hot Peace）」に取って代えられたともいわれている。ここでいう「熱い」とは，一国内における過熱した民族および宗教紛争のことをさす。

冷戦時代においては，非同盟諸国や中立国家が存在していたものの，国際社会は資本主義の筆頭であるアメリカあるいは共産主義の筆頭であるソ連の傘下に入っている国家が多かった。そのような国家で内乱等が発生し，それが資本主義国家であった場合は，そのような内乱が左翼化グループの暴動ではないか

第 2 章　国際政治理論のケースと課題　○——　33

と想定されアメリカより直接介入や内乱鎮圧のための武器援助等がなされた。
これは上述した 1983 年のグレナダへのアメリカの軍事介入がそれにあたる。
成功はしなかったものの 1960・70 年代のアメリカのベトナム介入, いわゆる
「ベトナム戦争」もその典型的な例である。一方ソ連も共産圏国家の内乱には
自らの軍隊を介入させた。たとえば 1956 年ハンガリーでは, ソ連の支配に対
する全国規模による民衆が蜂起し, その民衆に支持を受けたものが政権を握っ
た（ハンガリー動乱）が, ソ連軍に侵攻を受け, ソ連寄りの政権に取って代えら
れた。同様に 1968 年, チェコスロバキアで起こった共産主義体制における変
革運動も, ソ連軍主導のワルシャワ条約機構軍による軍事介入によって失敗に
終わった。

　冷戦が終了し, ベルリンの壁が崩壊し, 旧ソ連の国々やソ連の衛星国家では
次々と民主化革命によって国内における内乱が勃発した。ユーゴスラビアで
は, 対ソ連で団結していた国民意識は解体され, 歴史的に複雑な民族感情や宗
教感情が表面化し, それが国内紛争へと激化し, ユーゴスラビアは解体された。

　冷戦が終了することにより, アメリカやソ連等政治大国による地域紛争にお
ける介入への動機づけが減じていき, アジア・アフリカにおいてもそれまで冷
戦構造のなかで, 良い意味で緊張を保っていた秩序が崩壊し, 各地で民族・宗
教間での紛争が勃発した。たとえばアフリカのソマリアでは, 1991 年バーレ
社会主義政権が崩壊した後に, 反政府勢力間での内紛がはじまった。新政権に
対してアイディード将軍が反発すると, 内戦は各地の土族勢力を巻き込みなが
ら全土に広がった[7]。前にも述べたようにルワンダでは, フツ族とツチ族にお
ける長年の敵対意識が 1994 年のフツ族のツチ族への大虐殺へとエスカレート
した。スリランカでは, 仏教徒である多数派シンハラ人とヒンズー教徒である
少数派タミル人の民族対立が激化し, 1995 年以降劣勢のタミル人の過激派組織
（「タミル・イーラム解放のトラ」）が, 自爆テロを敢行し, 抗戦を続けた[8]。

　上記にあげたような国内紛争は, 国家間同士の通常戦争とは性質を大きく異
にした。国内紛争の特徴としてまずあげられるものは, 一般市民の紛争への関
与である。国家間の通常戦争において兵士は国家の軍隊に所属している軍人で

あり，その軍人が戦う相手も相手国の軍人である。しかし国内紛争において兵士になるのは一般市民である。彼らが戦う相手も一般市民である。つまり国内紛争では，一民族や一宗教のアイデンティティーをかけてその民族・宗教に属する者たちが総力をあげて戦うことになる。その際には，成人に満たない少年たちが兵士になることも珍しくない。同様に女性や子供を含めたあらゆるものが攻撃の標的となる。

　また国家間の通常戦争では，戦争の前には軍人たちによる適切な訓練や軍事教育が施されるが，国内紛争では兵士たちはそのような適切な訓練を受けることはあまりなく，半ば即興的な状況で紛争に駆り出される。そのような事前訓練や教育の代わりに，「わが民族のために」というような同朋意識，アイデンティティー，さらにはナショナリズムを全面的に押し出し，戦闘意識をあおりたてることが多い。その際にはメディア等は頻繁に利用される。このように国内紛争においては，兵士を軍事的に訓練するというよりは，精神的に洗脳していく方法がとられる。

　このように兵士が精神的に洗脳されていくことにより，兵士間の道徳的・倫理的感覚は徐々に麻痺していき，戦闘行為はとても残酷なものになっていく。たとえば，銃撃し合う兵士の前に女性や子供を「人間の盾」としておくという通常では考えられないような反人道行為もみられた。

　またこのような国内紛争は，途上国で発生することが多い。途上国のような教育を受ける機会が十分に受けられないところでは，このような戦闘の残酷性というものは防ぎづらいと考えられる。たとえばアフリカのアンゴラでは，政府軍（MPLA）と反政府軍（UNITA）との戦闘により，1993 年から 94 年にかけて 30 万人，1 日換算で 1,000 人もの死者を出す「世界で最悪の戦争」となった[9]。このような残酷な戦闘行為は，ときには，上述したようなルワンダやスレブレニッツアのような深刻な民族浄化政策や大虐殺（ジェノサイド）にまで発展していくこともある。

　このような国内紛争は国内経済にも大きな影響を及ぼす。国内紛争では一般の市民が戦争に駆り出されるのであり，つまり一家の働き手の多くが戦争に参

第2章 国際政治理論のケースと課題 ○── 35

加することになり，国内の労働力が急激に減少する。また軍事施設を攻撃の標
的とする国家間の通常戦争とは異なり，国内紛争では国内の至るところが戦場
となる。すなわち国内紛争により経済活動の場も急激に減少する。簡単にいえ
ば，それまで重要な収入源であった畑が戦場になってしまうのである。当然な
がら残酷な国内紛争が行われているところには海外からの投資も入りづらい。
下の表は，冷戦後に国内紛争が起きた主要国の1人当たりの国民所得（2005年）
とその世界における順位である。

図表2-4 国内紛争が起きた主要国の1人当たりの国民所得と
その世界における順位

主要紛争国	1人当たりの国民所得 （2005年，米ドル）	世界順位 （世界207カ国中）
ボスニア	3,230	106
ルワンダ	250	199
カンボジア	490	180
スーダン	800	162
コンゴ共和国	1,050	150
シェラレオネ	240	200
リベリア	130	207
ソマリア	公表せず	

（出所）2006年世界銀行の資料より。

　このように国内紛争の主要国の1人当たりの国民所得の多くは，世界では最
下位グループであり，すなわち最貧国に属する。また上記の主要紛争国のう
ち，ボスニア（旧ユーゴスラビア）はヨーロッパに属するが，その他はアジア（カ
ンボジア）やアフリカ（その他全国家）という途上国地域に属する。さらにこの
ような最貧国の紛争地域に，自然災害が重なると事態はさらに深刻化する。た
とえばアフリカのソマリアでは，1990年代の前半には国内紛争による経済（農
業）収入が減少し，さらに長引く干ばつが追い討ちをかけ，その結果ソマリア
全土が大飢饉となった。そしてソマリアでは，人口の800万人の大半が飢餓状

態になり，死者は1日数千人にのぼった[10]。さらにこのような国内紛争の被害者のなかには，自分達の住む土地を追われ国内避難民，あるいは祖国からも逃れ国外で難民になるものも多い。難民生活においては最低限度，もしくは最低限度以下の生活を強いられる。衛生問題も深刻化し伝染病も蔓延することも多い。

　このように発展途上国が，国内紛争を行うと，国民は暮らすことができる最低限の生活を余儀なくされ，そこに突発的な自然災害や伝染病の発生等に見舞われると，その国民全体が生命存続の危機に直面し，国家の崩壊の危機となる。

　このような悲惨な生活状況のなかで，人々は穏やかに平静を保って生きていけるはずもない。生活が困窮すれば身近なところで治安も悪化し，窃盗や略奪が増えモラルの低下が防げなくなる。このような悲惨極まりない生活を送っているのもすべて敵対する民族や宗教グループのせいであると多くの人々は考えてしまう。さらに内戦が長引くことによって自分の家族や身内の者達のなかで紛争の犠牲で亡くなる者が増えると，敵対する民族への憎意はさらに増大する。このような状況になると内戦はいよいよエスカレートしてしまう。つまり国内紛争に終了の糸口はみえなくなるのである。たとえ民族同士が一時的に和解したとしても，基本的な生活環境の改善，道徳的・倫理的学習を与えられる機会，民族指導者の意識改善がともなわない限りにおいては，紛争は再発してしまう。オクスフォード大学教授で経済学者のポール・クーリア氏によると，世界の国内紛争のおよそ半分のケースは，たとえ紛争が終了したとしても紛争終了後10年以内でまた紛争が再発してしまうという。まさに国内紛争ははじまってしまうと悪循環を繰り返すという「負のスパイラル」に陥ってしまう。

　さらに問題であることにそのような国内紛争を行っている国家の政治体制の多くは脆弱で不安定である。先進国で当然のように実施されている選挙よりも，軍事指導者や特定の部族の指導者が，武力によって制圧しその国の指導者になることが多い。また腐敗や賄賂も多く，紛争はその国家や部族の特権エリートの個人的な利益，いわゆる「私腹を肥やす」ための戦いであることが多い。いい換えれば，そのような国内紛争の行われているところは悲惨な統治活

動をしており，民主的な政治が行われていない。

このように人々や民族が，憎しみあい，力任せに紛争をはじめ，その紛争が終わらない状況は，国際政治理論においては「人や国家はそれぞれの欲望ゆえ戦う潜在意識をもち続ける」という現実主義にあてはまる。冷戦後の国内紛争国における「無秩序」にも等しい悲惨な戦争状況をみると現実主義というものを否定することはできない。

しかし，国際社会全体が，やはり現実主義のごとくこの悲惨な世界の途上国で行われている国際紛争に対して「そうだ，戦争は避けられないのだ」と傍観していたのかといえばそうではなかった。この冷戦後の国内紛争の悲惨な状況（大虐殺，人間の盾，飢饉，伝染病）においてもなおその民族や宗教の指導者たちが国内紛争を続けようとする状況，または「負のスパイラル」に陥り国内紛争から抜け出せない状況を，国際社会は「人道的に問題である」すなわち「人道的危機」と判断し自らその問題にかかわろうとしたのである。

このような状況下のなかで，従来現実主義者のなかで主張され続けられていた「国家の安全保障中心主義」というものに疑問をもつものも多くなってきた。確かに国家の安全というものがなければ，そこに住む国民の生活も安定しない。しかし，民族や国家のリーダーによる倫理観に偏った政治によって，その国民が安心して生きられないばかりか，その生命までも危ぶまれたときに，国際社会や諸外国の人々は傍観できるであろうか。このようにして従来の「国家の安全保障」のみならず「人間の安全保障」という概念が広められていった。この「人間の安全保障」という言葉を世界で最初に公の場で使用したのは，日本の小渕首相であったことは特筆すべきである。彼は，1998年12月「アジアの明日を造る知的対話」において人間の安全保障についての考え方を表明し，その後国連に5億円規模の「人間の安全保障基金」設立のため拠出することを表明した。具体的には，国連を通して日本政府がタジキスタン，コソボ，東ティモール等の国家に，医療，教育，食糧部門等での財政援助を行ってきたのである[11]。さらに2000年9月には，国内紛争で荒廃したアフリカの人々を救うことを大きな目標として，国連にて「ミレニアム開発目標（Millennium

現地の東ティモールの人々にコーヒーの生産を指導する日本の NGO グループ／写真提供：ピースウィンズジャパン

Development Goals：MDGs)」というものが掲げられた。この「ミレニアム開発目標」は 2015 年までに達成すべき具体的な数値目標を設定している。たとえば 2015 年までに「1 日 1 ドル以下で暮らす人の数を半減させる」「世界のすべての子供たちに初等教育を受けさせる」「5 歳未満の幼児死亡率を今の 3 分の 2 に減らす」「安全な飲料水を飲めない人の数を半減させる」などである。(アメリカがルワンダの大虐殺になんら関与しなかったと前述したように) 現実主義の立場でいえば，アフリカという地域は，大国にとってあまり国益のないところである。しかしそのような地域に，大国をはじめとする国際社会は立ち上がり，アフリカの人々の命を救っていくことに対して具体的な数値目標を立てるほど大きな決意を表明したことになる。このように「アフリカ救済」に対して後戻りできないような状況を国際社会は自ら構築して行った事実は，現実主義では説明ができないといえる。いい換えれば，人間の安全保障という概念は理想主義の本流である。

2015年「ミレニアム開発目標」は終了し、同年9月25日、国連総会で新たに「持続可能な開発目標（Sustainable Development Goals：SDGs）」が採択された。SDGsは持続可能な開発のための17の国際目標を有し、その下に169の達成基準と232の指標が決められている。

また「人間の安全保障」は、貧困、教育、医療といった開発の分野には留まらず、軍事的な面でも介入する概念が生まれた。つまりアジア・アフリカ地域における「人道的危機」を解決するために軍事面において「人道的介入」をするということである。いい換えれば、国内紛争において、国民に対して深刻な人権侵害が起こり、その国民に対して大規模な苦痛や死がもたらされているとき、ほかの国家がその国の同意なしに軍事力をもって介入することができるということである。これは、前述した1994年のルワンダ大虐殺や、1995年のボスニアのスレブレニッツアの虐殺等を国際社会が食い止めることができなかったことで「人道的介入」という概念は一層広く奨励されるようになった。たとえば1999年ユーゴスラビア連邦共和国のコソボ自治州（現在のコソボ）においてセルビア人勢力によるアルバニア系住民の虐殺を止めるという目的で北大西洋条約機構（NATO）はコソボのセルビア人勢力の軍事基地に対して大規模な

空爆を実施した。これは NATO が，ミロシェビッチ大統領率いるセルビア人勢力がアルバニア系住民に対する反人道的戦争犯罪を国際法の重大な罪とみなし，その行為が「人道的に」許されるべきではないとして，武力をもってこれに対応したのである。ミロシェビッチ大統領は，国内紛争において残虐行為を指揮した国家の独裁者として国際社会から非難され，その後拘束され，国連旧ユーゴスラビア国際戦犯法廷（オランダ・ハーグ）にて人道に対する罪で裁判が行われた[12]。1648 年のウェストファリア条約以降，国際社会において絶対的存在として保護されていた国家主権は，ユーゴスラビアにおいて国際社会が人道上の理由で軍事介入したこと，そして国家の最高責任者が国際刑事裁判にかけられたことにより，その原則が揺らいだことになった。この NATO 軍のコソボにおけるセルビア人武装勢力への空爆には，賛否両論の見方がとられた。すなわち一方では，この旧ユーゴスラビアの国内紛争に対する諸外国の軍事的な人道的介入は，見方を変えれば「外部の争いに対して自国の軍隊の犠牲者を出すというリスクを覚悟で，その争いに介入する」ということであり，それは自国本位ではなく，利他的な行為であると考えられる。しかし他方においてこの NATO 軍の空爆は，国連の承認を得られないまま実施され，国際法上正当的な武力介入ではないとの批判も受けた。

　この「人間の安全保障」や「人道的介入」という概念は，「保護する責任」というさらなる新しい概念を導き出した。この「保護する責任」は，1）国家主権は人々を保護する責任をともなう，2）国家が保護する責任を果たせない場合は国際社会がその責任を務める，3）国際社会の保護する責任は不干渉の原則に優越する，の 3 つであるという[13]。いい換えれば，どこかで人道的に被害を受けている人たちがいた場合，それをみたものが保護すべく介入をする責任があるということである。「保護したほうが良い」ではなく「保護しなくてはならない」という強制力が増したのである。具体的には，2001 年 12 月国連事務総長の要請に基づき，カナダで行われた「介入と国家主権についての国際委員会（The International Commission on Intervention and State Sovereignty：ICISS）」において「保護する責任」についての明確な規定が設けられた。すな

わち，前述のコソボにおける NATO 軍の空爆の正当性を巡る議論を踏まえ，国連事務総長が，外部組織による軍事介入する際の基準を明確にする必要性を強く実感したからである。

その国際委員会の報告書では，人々を保護するための外部からの軍事介入は最後の手段であって，危機予防や平和的解決が成功しなかった場合に実施される例外的措置でなければならないと規定されている。また介入規模は，目的確保のための最小規模のものであり，介入することによる迫害停止等の合理的な成算が見込まれなければならない。また実際に軍事介入するのは，大規模な人命の喪失や民族浄化といったような重大で取り返しのつかない迫害が加えられている時に限定される。また国連もこのような大規模な人命の損失や民族浄化の訴えがあり，介入の要請があった場合は直ちに対処しなければならないとしている[14]。この国際委員会の報告書は，国家における主権を最大限に配慮するような慎重な文面も多くある一方，国民を保護するための具体的な規定を設けることにより，今後国際社会の一国への軍事介入が正当化されることになったことは意義深い。これは明らかにルワンダやスレブレニッツアで行われた大虐殺や民族浄化の際に，国連平和維持隊が現地に駐留していながら無力であったといった反省に基づいている。すなわち国家や国際社会は，過去の反省や教訓を生かし，より平和な世界に向けて相互に理解し合うことが実践されていることになる。

しかし課題も残されている。このように第3者が極度の貧困や，悲惨な統治，紛争による人命危機に立ち向かうことは人道的に称賛されるべきである一方で，そのことが本当に必要であるのかという行動の適正も注目される。例えば，人道的な軍事介入に関して，国際連合の軍事制裁が適用されるとしても，それが大国のゆがんだ国益によるものではないのか。つまり人道的介入が政治的に乱用されていないのかが問われることも考える必要がる。「保護する責任」という名目で，適切でない程度の強制的な行動がとられた場合はそれはもはや利他的ではなく，理想主義の範疇ではなくなることも留意すべきであろう。

【注】

1）広島平和記念資料館 Web Site. http://www.pcf.city.hiroshima.jp/Peace/J/pNuclear1_1. html 2010 年 9 月 3 日参照。

2）池上彰『そうだったのか！　現代史』集英社，2000 年，p. 220。

3）高井晋『国連 PKO と平和協力法』真正書籍，1995 年，p. 62。UNPROFOR は，1991 年ジュネーブで，1992 年 1 月にサラエボでそれぞれ調印された停戦合意に基づいて，停戦監視，不正規民兵組織の武装解除，地方警察の公正な活動の監視などを主な任務とした。

4）毎日新聞社外信部（編著）『世界の紛争がよくわかる本』東京書籍，1999 年，p. 111。

5）EURATOM は，原子力の平和利用のための開発・研究を促進する地域機構であり，原子力兵器の開発を目的とするものではない。

6）海外の死刑情勢 http://www.geocities.jp/annh21024/uedayuya/kaigaizyousei.htm 2010 年 9 月 14 日参照。

7）古藤晃『世界の紛争ハンドブック』研究社，2002 年，p. 150。

8）毎日新聞社外信部（編著）『世界の紛争がよくわかる本』東京書籍，1999 年，p. 148。

9）古藤晃『世界の紛争ハンドブック』研究社，2002 年，p. 163。

10）北村治「保護する責任と介入の正義」内田孟男（編）『地球社会の変容とガバナンス』中央大学出版部，2010 年，p. 72。

11）外務省ホームページ「人間の安全保障」http://www.mofa.go.jp/mofaj/gaiko/hs/ hosho.html 2010 年 9 月 24 日参照。

12）その後，2006 年ミロシェビッチは収監中の独房で心臓発作のために死亡し，裁判は中途で終了した。

13）北村治「保護する責任と介入の正義」内田孟男（編）『地球社会の変容とガバナンス』中央大学出版部，2010 年，p. 63。

14）*The Responsibility to Protect: Report of the International Commission on Intervention and State Sovereignty*, December 2001.

第2部

国際平和実践への入門

第3章
国際連合とPKO：
「理想主義の理想」を目指して

3−1　国際連合の誕生

　国際連合憲章（以下，国連憲章とする）の前文に「我々の一生のうちに，二度まで言語に絶する悲哀を人類に与えた惨害から，将来の世代を救う」と記してあるように，国際連合の設立目的は，第1次世界大戦および第2次世界大戦のような世界のほとんどの大国が関与する戦争を二度と起こさせないことにある。現在国際連合は世界の平和と安全の維持を目的とする唯一の国際平和機関である。

　しかし国際連合が20世紀に設立された最初の国際平和を目指す国際機関ではない。アメリカのウィルソン大統領の十四カ条の平和原則により提唱され，1919年のヴェルサイユ条約に基づき，翌年の1920年に国際連合の前身である国際連盟が設立された。しかし国際連盟設立の原動力となったアメリカが，上院の孤立主義派による反対のために，国際連盟には最初から不参加を表明した。また総会と理事会の会議の議決は多数決ではなく「全会一致」のために有効な解決策を即時に提示することは困難であった。また安全保障に関しては，ある連盟国に戦争を訴えた国は，すべての連盟国に戦争行為をなしたものとみなされ，すべての連盟国が経済制裁にあたるという集団安全保障体制が採られた。しかし連盟軍を組織することはできず，よって軍事制裁は実行できなかった。1929年の世界恐慌により世界にファシズムが台頭し大国間の紛争が激化

第3章　国際連合とPKO　○── 45

すると，国際連盟の無力化は露呈された。その後1931年の満州事変を契機に，日本は1933年に連盟から脱退し，ドイツも同年に脱退した。1935年イタリアがエチオピアを侵略した際に，国際連盟はイタリアに経済制裁を発動するも，イタリアのエチオピア併合によりその経済制裁も解かれてしまった。その結果1937年イタリアも連盟から脱退した。ソ連も1934年に連盟に加盟を果たしたが，1939年ソ連のフィンランド侵略を理由に，同国は連盟より除名処分となった。こうして連盟主要加盟国が次から次へと脱退し，国際連盟の機能は完全に失われ，ついに1939年第2次世界大戦の勃発が現実化されていった[1]。

　第2次世界大戦は，アメリカ，イギリス，フランス，ソ連，中華民国を中心とする連合国側とドイツ，イタリア，日本を中心とする枢軸国側との間で行われ，1945年の終戦までには世界のほとんどの国家が連合国陣営に属するといった，文字通りの世界規模の戦争となった。この戦争は連合国側の勝利に終わったが，この戦争による軍人の死者は，連合国側，枢軸国側双方合わせて2,500万人であり，民間人を合わせると6,200万人もの人々が死亡するという大きな被害をもたらした。この戦争被害のなかには，一度に大勢の罪のない人々が殺戮を受けるという反人道的戦争犯罪も多くみられた。たとえば1939年ポーランドは，ドイツ・ソ連両国に分割され，なかでもソ連軍占領地域では，いわゆる「カティンの森事件」において25,000人のポーランド人が殺害された。ポーランドでは1939年から1941年の間に180万人が殺害されたり国外追放された。またドイツは，ユダヤ人をアウシュヴィッツ＝ビルケナウやトレブリンカ，ダッハウといった強制収容所に強制連行して毒ガスを使用して大量殺戮（「ホロコースト」）を実施し，数百万人の人々の命が奪われた。また終戦直前の1945年8月に日本の広島と長崎に原子爆弾がアメリカ軍によって投下され，被爆直後において15万人の人々が犠牲になった。また戦勝国側の兵士が終戦直前に戦敗国の人々に対して性的暴力を行うなどの反人道的・反道徳的事件が多発した。このように世界規模の大惨事とも思える第2次世界大戦のような戦争を2度と起こしてはならないという決意が国際社会に浸透していった。

　1944年8月21日から10月7日にかけてアメリカ・ワシントンDCのダンバー

トン・オークスにおいて国際会議が開かれ，国際連合設立に向けた討論が行われた（ダンバートン・オークス会議）。参加国は，アメリカ・ソ連・イギリス・中国の4カ国であった[2]。このダンバートン・オークス会議において，国際連合においては安全保障理事会が設立され平和と安全の維持に対する主要な責任を負うことが決められた。そして安全保障理事会においては大国一致の原則がとられ，大国が1国でも反対すれば決議が採択されないという「拒否権」の制度が導入されることが4カ国間でほぼ合意された。また，この会議においてソ連が，連邦を構成する16の共和国全てを国連に別個で加盟することを要求した。これはソ連が国連の加盟国数において資本主義国とのバランスを考慮していたからであった。そして1945年のヤルタ会談において，大国の拒否権がほぼ決定された。これは肝心の安全保障に関して不可思議な「真空地帯」をもうけたことになり，後々禍根を残すこととなった[3]。ソ連の国連加盟国の構成に関しては，ソ連とは別個に白ロシア（現ベラルーシ）とウクライナが加盟することで了解が得られた。

そして1945年4月25日から6月26日にかけて，国際連合に関する最終的な会議，すなわちサンフランシスコ会議が行われた。この会議では，大国主導の国際安全保障体制の象徴である拒否権に対して不満をもつ中小国が代わりに享受できる新しい概念が登場した。それが集団的自衛権である。これは同盟関係をもつ国家グループの中の1カ国にでも安全保障の危害を加える国家が出てくれば，その同盟国全体でその国家に報復措置（軍事攻撃等）を加えることができるというものである。そして会議最終日の6月26日に，会議に参加した50カ国は作成された国連憲章に著名し，同年10月24日にアメリカ，ソ連，イギリス，フランス，中国を中心とした国際連合が設立された。そして1946年1月10日，第1回の国連総会がロンドンで開催され，国際連合の活動が実際に開始されたのであった。本部は，アメリカのニューヨークに置かれた。

この国際連合を英語に直すと United Nations という。これは「連合国の集まり」という意味であり，日本語訳である国際連合の「国際」というような世界中の国家の集合体を意味するものではない。たしかにダンバートン・オーク

第3章　国際連合と PKO ○── 47

ス会議もサンフランシスコ会議も国際会議と称されるが，実際にこれは第2次
世界大戦の連合国側についた国家の集まりであり，当然枢軸国側の日本，ドイ
ツ，イタリアは参加していない。いい換えれば，第2次世界大戦後の社会にお
いて，日本・ドイツ・イタリア等のようなファシズムの台頭を防ぐことが国連
設立の主目的であった。よってこのような国々は，明記はされていないものの
国連憲章においては「敵国条項」として国連加盟国の「敵国」として扱われて
いる。

　日本は，1952年サンフランシスコ講話条約にて連合軍占領の終了と共に独
立を果たし，同時に国連への加盟を申請した。しかしその当時，米ソの東西冷
戦はすでにはじまっていた。そして国連加盟国におけるアメリカとソ連の勢力
図をみると，アメリカを支持する資本主義圏がソ連を支持する共産圏を大きく
上まわっていた。よって日本の国連加盟は，冷戦時代においてこれ以上「アメ
リカ寄り」の資本主義国家を国連内に増やすことを防ぎたいと考えるソ連によ
って反対され続けた。そして1956年日ソ和平条約が両国間で締結された後に
ソ連の承認を経て，ようやく日本は国連に加盟することができた。ドイツ，イ
タリアも同様に1962年に国連に加盟を果たした。そして1960年代には，ヨー
ロッパから独立を勝ち取っていった多くのアフリカ諸国が国連の加盟を果た
し，1990年代にはソ連から独立していった共和国が国連に加盟した。2002年
には，独立を果たした東ティモールと，永世中立国であったスイスが国連に加
盟し，2015年現在193の加盟国が国連に加盟している。

　国連の公用語は6つある。これは主に連合国を主導していった国家で使用さ
れている言語である。その6つの公用語とは，英語，フランス語，ロシア語，
中国語，スペイン語そしてアラビア語である。

3−2　国際連合の諸機関[4]

　国連憲章は国連に6つの主要機関を設置している。その6つの主要機関とは，
国連総会，安全保障理事会，経済社会理事会，信託統治理事会，国際司法裁判

所，そして事務局である。

　まず国連総会（General Assembly）は国連の主要審議機関である。総会は，国連が取り上げるすべての問題について審議・勧告し，国際法の発達をはかる。国連全加盟国が参加し，「人類の議会」ともいわれている。国の規模に関係なく1国にそれぞれ平等に1票の投票権をもつ。決議の承認は，平和と安全に関する勧告，新加盟国の承認，予算事項などの重要問題に関しては3分の2，その他の問題には単純多数決の賛成を必要とする。

　国連総会は，年1回の通常総会のほか，特別総会・緊急特別総会を開くことができる。通常総会は，毎年9月の第3火曜日にはじまり，12月半ばに終了する。総会は，通常総会の会期の初め各国からの一般基調演説を行い，各国それぞれが国際的に関心のある事項についての見解を表明し，自国の政策をアピールする場ともなっている。そしてその後に具体的な討議が行われるが，総会は大半の議題を次の7つの主要機関に付託する。

　　第1委員会（軍縮およびそれに関する国際安全保障問題）
　　特別政治委員会
　　第2委員会（経済，財政問題）
　　第3委員会（社会，人道，文化問題）
　　第4委員会（非自治地域問題）
　　第5委員会（行政，予算問題）
　　第6委員会（法律問題）

　また特別総会は，安全保障理事会か全加盟国の過半数の参加で開かれる。なかでも緊急特別総会は，安全保障理事会の9理事国か全加盟国の過半数の要請で24時間以内に召集され，武力を含む集団措置がとられる。

　国連の主要機関のなかで，国際社会の平和と安全の維持について主たる責任をもつものを安全保障理事会（Security Council）という。総会が，世界的な問題を包括的に討議するのに対して，安全保障理事会は平和や安全保障の問題の

みを取り扱う。安全保障理事会は 15 の理事国で構成される。なかでもアメリカ，イギリス，フランス，ロシア（国連設立当時はソ連），中国の 5 カ国は，継続的にそして永久に理事国であり続けられるという常任理事国である。残りの 10 カ国は，非常任理事国と呼ばれ 2 年任期で総会によって選出される。毎年 2 年の任期で終えた 5 カ国の後任として新たな 5 カ国が 2 年任期で選出される。各理事国に 1 票の投票権が与えられ，決議採択には 15 カ国中 9 カ国の賛成が必要である。しかし，そして特記すべきことに，常任理事国は前述したように「拒否権」を発動する権利を所有している。安全保障理事会の任務と権限は，主に次の 3 つである。

- 平和に対する脅威あるいは侵略行為の存在を確認し，それに対して取るべき行動を勧告すること。
- 侵略を防止あるいは阻止するために加盟国に対して経済制裁もしくは武力を含まないその他の措置をとるように勧告すること。
- 侵略国に対して軍事行動をとること。

　最後に述べた「侵略国に対する軍事行動」とは，すなわち安全保障理事会は，国連軍の設立および行動を行う権限を有するということである。これは前述したように，国連総会では平和や安全を維持するために「勧告」をするまでに留まるが，安全保障理事会はさらに強制的効力を有し，国際平和維持の「権限」をもつことを意味する。この安全保障理事会が，実質上の国連のなかでの最高意思決定機関であるといわれている所以である。安全保障理事会は，国連総会とは異なり定期会合はないが，いつでも短期間で召集することが要求される。よって理事国の代表は国連本部に常駐していなければならない。また安全保障理事会の下部組織には，加盟審査委員会，軍事参謀委員会，平和構築委員会等がある。

　3 つ目の機関として経済社会理事会（Economic and Social Council）があげられる。経済社会理事会は，端的にいえば開発途上国の経済や社会問題の発展を主

目的としている。ここでいう経済問題とは，貿易，輸送，工業化，経済開発等における問題をさし，社会問題とは，人口，子ども，住宅，女性の権利，人種差別，麻薬，犯罪，社会福祉，青少年，人間環境，食糧等の問題をさす。経済社会理事会は 54 カ国で構成され，任期は 3 年である。毎年 3 年の任期を終えた 18 カ国の後任として新たな 18 カ国が 3 年任期で選出される。各理事国が 1 票の投票権をもち，決議は単純多数決で採択される。この 54 カ国は，地理的配分が重要視されており，現在アジア 11，アフリカ 14，ラテンアメリカ 10，東欧 6，西欧その他 13 カ国となっている。

　経済社会理事会は，経済や社会に関する広範囲な分野に及んでいるために，多くの補助機関を設置している。具体的には，以下の委員会等である。

　機能委員会

　統計委員会，人口開発委員会，社会開発委員会，人権委員会，婦人の地位委員会，麻薬委員会，犯罪防止刑事司法委員会，開発のための科学技術委員会，持続可能開発委員会

　常設委員会およびその他の専門家部会等

　計画調整委員会，開発計画委員会，非政府組織（NGO）委員会，自然資源委員会，経済的・社会的・文化的権利委員会，新・再生エネルギー源および開発のためのエネルギー委員会，地理学的名称に関する国連専門家グループ，人間居住委員会，公共行財政に関する国連プログラムに関する専門家会合，税金問題における国際協力に関する専門家アドホックグループ，危険物輸送に関する専門家委員会

　地域経済委員会

　アジア太平洋経済社会委員会（ESCAP），欧州経済委員会（ECE），ラテンアメリカ・カリブ経済委員会（ECLAC），アフリカ経済委員会（ECA），西アジア経済社会委員会（ESCWA）

第3章　国際連合と PKO ○── 51

　また信託統治理事会（Trusteeship Council）は，戦後植民地問題として非自治地域に関する問題を扱っていた。当初アフリカやアジア中心に設けられた11の信託統治地域の監視を任務とした同理事会は，太平洋諸島のパラオが1994年10月に独立を果たしたのを最後にその役割を停止した。

　国際司法裁判所（International Court of Justice）は，国連の主要な司法機関である。本部はオランダのハーグにある。国際司法裁判所の役割は，国家間の法律的紛争を裁判によって解決することである。国際司法裁判所では国家のみが当事者になり，よって個人は当事者にはなり得ない。国連加盟国は，当然ながら当事国になるが，国連非加盟国も安全保障理事会の勧告に基づいて総会が個々に決める条件に従い，当事国になる事ができる。国際司法裁判所は，15人の裁判官で構成され任期は9年で再選も可能である。しかし同一国籍の裁判官が2人選ばれることはない。このように限られた国家の限られた人数の裁判官が，世界中からの紛争がありうる国際裁判において裁定を下すにあたり，次のような条約や慣習等を適用する。

- 係争国が認める諸原則を定めている国際条約
- 法として一般に受け入れられていることを示す国際慣習
- 各国で認められている法の一般原則
- 法の原則を決定する補助手段として各国で最も評価が高い国際法学者の判断や学説

　国連の主要機関として最後にあげられるものは事務局（Secretariat）である。事務局本部は，ニューヨークの国連本部ビルのなかにある。国連の諸機関が決定した活動計画や政策を実施する機関である。事務局は1名の事務総長と，国連が必要とする職員で構成される。事務総長は安全保障理事会の勧告に基づいて総会が任命する。職員については事務総長が任命する。職員は国際公務員として，その任務に関しては自国ではなく国連に忠誠を尽くすことが要求される。事務局の活動は多岐にわたるが，主なものとしては以下の通りである。

- 平和維持活動の管理
- 国際会議の開催
- 世界の経済的，社会的動向や諸問題の調査
- 人権・軍縮・開発などの問題についての研究
- 演説の通訳
- 文書の翻訳
- メディアへの国連についての情報の提供

　国連事務局代表が国連事務総長（Secretary General）である。任務は国連内部をめぐる事務的な運営のみならず，国連加盟国における紛争などに際しての調停や国連が扱う諸問題についての発言などの両方が含まれる。事務総長は，大国の支配を受けないように中小国から選ばれるのが通例である。国連設立以来の歴代の事務総長は図表３−１の通りである。

図表３−１　歴代の国連事務総長

	名　前	出　身	任　期※
初代	トリグブ・リー	ノルウェー	1946-53
第2代	ダグ・ハマショールド	スウェーデン	1953-61
第3代	ウ・タント	ビルマ	1961-71
第4代	クルト・ワルトハイム	オーストリア	1972-81
第5代	ペレス・デ・クエアル	ペルー	1982-91
第6代	ブトロス・ガリ	エジプト	1991-96
第7代	コフィー・アナン	ガーナ	1997-2006
第8代	パン・ギムン	韓　国	2007-2016
第9代	アントニオ・グテーレス	ポルトガル	2017〜現職

※任期は 2025 年現在。

3－3 国連憲章 (UN Charter)

　国連憲章とは国連の基礎事項を規定した条約であり，国連活動の法的根拠となる。国際公法の最も代表的で象徴的な法律ともいえる。1945年6月のサンフランシスコ平和会議で採択され，同年10月に発効した。前文に続く19章111条から構成される。ここでは，国連憲章のなかの代表的な項目のみを記述する。

2条4項

　すべての加盟国は，その国際関係において，武力よる威嚇又は武力の行使を，いかなる国の領土保全又は政治的独立に対するものも，また，国際連合の目的と両立しない他のいかなる方法によるものも慎まなければならない。

（解　説）

　国際連合の加盟国は，基本的には，たとえ相手方に非があると思われても戦争につながるような武力の行使をこちらから仕掛けてはいけないということである。これは戦争をなくし平和と安全の維持を目的として設立された国連憲章の最も基本的な条項である。よって，たとえば日本が周辺国家とのひどく不条理な領土問題を抱え続けていたとしても，それをもってその国家に戦争を起こすことは国連憲章上あってはならないことである。

2条7項

　この憲章のいかなる規定も，本質上いずれかの国の国内管轄権内にある事項に干渉する権限を国際連合に与えるものではなく，また，その事項をこの憲章に基く解決に付託することを加盟国に要求するものでもない。

（解　説）

　国連が関与する武力の行使とは国家間の紛争に対してであり，一国内の紛争等の問題に関与することは国連憲章上望ましくないとしている。国際社会や外

部の国家が，ある国内の紛争や揉め事に関して，その歴史的背景や原因をはじめとする紛争の実情を把握することが難しい。よって表面上の紛争状況でその正当性の根拠を把握することが困難であるために，外部の国家はそのような国内の情事に干渉することは避けるべきであるという見解である。これを内政不干渉の原則という。たとえば現在北朝鮮で行われている反人道的政策や，ミャンマーでの非民主的な政治に関して，国連等の国際社会が必ずしも十分な関与ができていないのは，この内政不干渉の原則によるところもあると考えられる。一方で，前にも述べたように東西冷戦後の国際社会においては，非人道的な国内紛争も多くみられ，「保護する責任」という原則も確立していき，必ずしも国連憲章の「内政不干渉」原則が貫かれているとはいいがたい。

11条1項

　総会は，国際の平和及び安全の維持についての協力に関する一般原則を，軍備縮少及び軍備規制を律する原則も含めて，審議し，並びにこの様な原則について加盟国若しくは安全保障理事会又はこの両者に対して勧告をすることができる。

24条1項

　国際連合の迅速且つ有効な行動を確保するために，国際連合加盟国は，国際の平和及び安全の維持に関する主要な責任を安全保障理事会に負わせるものとし，且つ，安全保障理事会がこの責任に基く義務を果すに当って加盟国に代わって行動することに同意する。

（解　説）

　上記の11条1項は国連総会，24条1項は安全保障理事会の「国際の平和及び安全の維持」に対するそれぞれの任務の位置づけを明記してある。総会では平和や安全の維持に向けて国際社会が一丸となって協力できるよう「勧告」することにとどまっている。一方，安全保障理事会は，国際平和や安全を維持するための主要機関として多大な責任を負っていることがわかる。よって安全保

第3章 国際連合とPKO ○—— 55

障理事会は，この国際社会の秩序の維持のために加盟国に対して大きな「権限」
が与えられている。

12 条 1 項

安全保障理事会がこの憲章によって与えられた任務をいずれかの紛争又は
事態について遂行している間は，総会は，安全保障理事会が要請しない限り，
この紛争又は事態について，いかなる勧告もしてはならない。

（解　説）

上で述べた11条1項や24条1項にも関連するが，安全保障理事会の決定は
尊重されるべきであって，総会や他の加盟国は，たとえ安全保障理事会の決議
が不服であってもその決定に従わなければならない。いい換えれば，それだけ
大きな権限を与えられている安全保障理事会は，加盟国からの支持を得るため
に決議を事前に慎重に審議していかなければならないということである。

19 条

この機構に対する分担金の支払が延滞している国際連合加盟国は，その延
滞金の額がその時までの満二年間にその国から支払われるべきであった分担
金の額に等しいか又はこれをこえるときは，総会で投票権を有しない。

（解　説）

国連の財政は，加盟国からの分担金と任意拠出金から賄われている。各国の
分担金の金額は，その国の国力（国内総生産等）に応じて計算されており，あ
る意味においては相対的に平等に分担されているといえる。よってある国にひ
どく高額な分担金を要求しているのではないために，その支払いがある一定期
間延納された場合には，上記のような制裁を受けることになっている。

23 条 1 項

安全保障理事会は，15の国際連合加盟国で構成する。中華民国，フランス，
ソヴィエト社会主義共和国連邦，グレート・ブリテンおよび北部アイルラン

ド連合王国およびアメリカ合衆国は，安全保障理事会の常任理事国となる。
総会は，第一に国際の平和および安全の維持とこの機構のその他の目的とに
対する国際連合加盟国の貢献に，さらに衡平な地理的分配に特に妥当な考慮
を払って，安全保障理事会の非常任理事国となる他の 10 の国際連合加盟国
を選挙する。

（解　説）

前に述べたように安全保障理事会は，5 カ国の常任理事国と 10 カ国の非常
任理事国で構成されるが，非常任理事国の構成は地理的に偏りが生じないよ
う，アメリカ地域，アジア地域，ヨーロッパ地域，アフリカ地域からできるだ
け平等に理事国を選出するよう配慮している。

27 条 2 項・3 項

2. 手続事項に関する安全保障理事会の決定は，9 理事国の賛成投票によっ
   て行われる。
3. その他のすべての事項に関する安全保障理事会の決定は，常任理事国の
   同意投票を含む 9 理事国の賛成投票によって行われる。

（解　説）

このように非手続き事項に関しては，大国一致の原則が貫かれている。すな
わち常任理事国一国でも否決してしまうとその決議は採択されない。これは一
般には大国の特権という意味で拒否権と呼ばれている。これは安全保障問題に
おける大国の支配を合法化するとも考えられる。また東西冷戦時代において
は，とりわけソ連の拒否権の発動が国際安全保障体制を麻痺された一因でもあ
った。

33 条 1 項

いかなる紛争でもその継続が国際の平和及び安全の維持を危くする虞のあ
るものについては，その当事者は，まず第一に，交渉，審査，仲介，調停，
仲裁裁判，司法的解決，地域的機関又は地域的取極の利用その他の当事者が

選ぶ平和的手段による解決を求めなければならない。

41条

　安全保障理事会は，その決定を実施するために，兵力の使用を伴わないいかなる措置を使用すべきかを決定することができ，且つ，この措置を適用するように国際連合加盟国に要請することができる。この措置は，経済関係及び鉄道，航海，航空，郵便，電信，無線通信その他の運輸通信の手段の全部又は一部の中断並びに外交関係の断絶を含むことができる。

42条

　安全保障理事会は，第41条に定める措置では不十分であろうと認め，又は不十分なことが判明したと認めるときは，国際の平和及び安全の維持又は回復に必要な空軍，海軍又は陸軍の行動をとることができる。この行動は，国際連合加盟国の空軍，海軍又は陸軍による示威，封鎖その他の行動を含むことができる。

（解　説）

　国際安全保障上問題とされうる行為に関しては，まず国連憲章6章に謳ってある「紛争の平和的解決」で対応していかなければならない。それは33条1項にあるように，交渉や仲介等による，いわゆる「話し合い」による解決が優先される。そのような解決がなされない場合にのみ，国連憲章7章に明記してある「平和に対する脅威，平和の破壊及び侵略行為に関する行動」に移行する。この国連憲章7章における具体的な行動は，まず41条にあげられるような「経済制裁」である。この経済制裁のなかで主流にあたるのは「貿易制裁」であり，国連加盟国が一致して，対象国への輸入・輸出双方の貿易を禁止するというものである。さらにこの経済制裁が機能しない場合には，42条に謳ってある「軍事制裁」に移行する。すなわちこの42条に基づく国連加盟国による国連軍や多国籍軍による戦争は，国連憲章という国際法上においては「合法的な戦争」，あるいは国連からみれば「正義による戦争」ということになる。

51 条

　この憲章のいかなる規定も，国際連合加盟国に対して武力攻撃が発生した場合には，安全保障理事会が国際の平和及び安全の維持に必要な措置をとるまでの間，個別的又は集団的自衛の固有の権利を害するものではない。この自衛権の行使に当って加盟国がとった措置は，直ちに安全保障理事会に報告しなければならない。また，この措置は，安全保障理事会が国際の平和及び安全の維持又は回復のために必要と認める行動をいつでもとるこの憲章に基く権能及び責任に対しては，いかなる影響も及ぼすものではない。

（解　説）

　国連憲章2条4項に謳ってある「武力行使の一般的禁止」は，国連の基本政策である平和的解決の象徴であるが，その例外的事項にあたるのが，上で述べた国連憲章7章42条による軍事制裁と，この51条の個別的自衛権および集団的自衛権である。この51条における武力行使は，外部からの武力行使を受け，国連憲章42条に基づく安全保障理事会の決定に従う集団措置としての軍事制裁が入る間に，一時的に自衛権を行使して自国や同盟国を守るという原則に従うことになる。我が国日本も，外部からの侵略行為等があった場合は，自衛のために自衛隊を出動させることは国連憲章によって認められるところである。

53 条 1 項

　安全保障理事会は，その権威の下における強制行動のために，適当な場合には，前記の地域的取極又は地域的機関を利用する。但し，いかなる強制行動も，安全保障理事会の許可がなければ，地域的取極に基いて又は地域的機関によってとられてはならない。

（解　説）

　たとえば，北大西洋条約機構（NATO）やアフリカ連合（AU）のような地域機構は，国際連合のような国際機構と比較してその地域紛争に関しての実情を深く知り，また集団的自衛権の行使のような事態になっても迅速に対応できる。よって「地域の警察官」としての地域機構による安全保障の維持というも

第3章　国際連合とPKO　○──59

のは近年その重要性を増している。しかし国連憲章ではそのような地域機構による強制措置に関しても事前に国連の安全保障理事会からの承認が必要であることを明記している。これに関して1999年3月から5月にかけてNATOが旧ユーゴスラビアのコソボのセルビア人勢力の軍事組織に行った空爆は，国連の安全保障理事会の承認を得ておらず，よって国連憲章上の国際法的には違法であり，国際社会から批判を浴びた。

99条

　事務総長は，国際の平和及び安全の維持を脅威すると認める事項について，安全保障理事会に注意を促すことができる。

（解　説）

　上述したように安全保障理事会は安全保障に関して絶対的な権威をもち，総会も安全保障理事会が執り行っていることに対してはいかなる勧告もできない。しかし99条で謳っているように国連事務総長は，安全保障理事会の動向に対して発言権を有する。それゆえ，国連事務総長は，安全保障理事会において「16番目のメンバー」と称されることもある。

　このように国連憲章は，国際平和の維持と安全のために細部にわたる事項が明記されている。国連憲章は，理想主義の象徴である国連の機能を最大限に引きだすために制定され，現在でも国際公法の根本的なものとして高い評価を受けている。しかし，一方で制定されてから半世紀以上が過ぎている現在まで，国連憲章が必ずしも，そのすべてが守られてきたわけではない。たとえば，19条における国連憲章の財政的側面，そして53条1項の地域機構における強制行動に関しては，安全保障理事会の常任理事国のメンバーの国連憲章を軽視するかのような行動がみられたが，それに対する制裁等は行われてきていなかった。また2条7項の国連の「内政不干渉の法則」も現在の国内紛争が主流である現在において，その有効性も疑問視されるところである。そして何より27条3項で認めた常任理事国の拒否権の発動は，理想主義の根幹である国連にお

60 ──○

いては意を異にするものであるのみならず，その後の国際安全保障体制におい
て障害になったものであるといえる。

　だからといってこの国連憲章が無意味なものであったということは決してな
い。むしろこの国連憲章を加盟国の多くが尊重してきた結果，国際社会におけ
る些細な不和を深刻な紛争に発展することを防いできたと考えられる。また国
際社会から非難されてきた「ならず者国家」に対して国連憲章にのっとり経済
制裁や軍事制裁を発動してきたからこそ国際社会が現在，より民主的な社会に
なっていると考えられる。

　これからも「理想主義の理想」を目指す国際連合において大切なことは，国
連憲章を遵守すべきところを加盟国はしっかりと遵守し，見直すべきところは
加盟国全体で時間をかけながら話し合い改善していくことではなかろうか。

３−４　国連平和維持活動（PKO）

３−４−１　PKO の目的，活動内容，そしてその効果

　1978 年，アメリカのインターナショナル・ピース・アカデミー（International
Peace Academy）は，PKO を次のように定義している：「国際的に組織された
平和的な第3者の介入による国家間，もしくは国家内における敵対行為の予防，
封じ込め，緩和，及び停止を目的とし，その際には平和の回復もしくは維持の
ために多国籍からなる兵士，警察官，および文民を使用する」[5] つまり PKO
の目的は，基本的には２つの国家や武装集団が停戦合意に達したものの，いつ
交戦状態に戻るかわからない政情不安定な状況が続いているところに，いわゆ
る緩衝地帯（buffer）を築くことによって，その敵対意識をエスカレートさせ
たり停戦協定を破るような行為を防ぎ，2 度とその地域に紛争を起こさせない
ようにすることである。PKO の平和維持隊は，自らの軍事力を使用しながら
も，受け入れ側との信頼関係を構築することによってその目的を達成する。そ
れゆえ伝統的 PKO の活動内容はおおまかに次の３点である。

第3章 国際連合と PKO ○── 61

- ●派遣地域のパトロール
- ●休戦協定違反の防止
- ●紛争が再発した場合は調停者としての解決の努力

　主要な任務は，まず派遣地域のパトロールをすることによって地域の安全を
維持していくことである。通常パトロールをする地域は，広大であり，またジ
ャングルのなかのようなところをすることもあり，同じ地域を行うことも少な
い。また PKO 兵士は，パトロール中住民と積極的に話し合い，安全確保のた
めにさまざまな情報を収集することもある。また戦略的に重要な場所，あるい
は敵対する側の地域につながる主要幹線に，チェックポイントという，いわば
関所のような場所を設けて，通行者1人ひとりや通行者の所有物を検査して，
さまざまな尋問をしていく。そうすることによって武器の密輸等を防ぐことが
できる。またオブザベーションポストという場所を設けて，1日に数回にわた
りその場所で，武装集団の交戦につながる不審な行動がないかを双眼鏡等を使
用し監視をする。

　これらの活動は，強制的ではなく，攻撃的でもなく，積極的でさえもない。
それらの活動は，どちらかというと受身であり，慎重であり，抑制的である。
PKO の活動は，大きく「軍事監視団」と「平和維持隊」に分かれる。「軍事監
視団」は，通常100名以内の将校で構成され，停戦監視，境界線の設定，違法
侵入の監視，休戦協定遵守の監視などが主要任務である。一方「平和維持隊」
は，通常数百名の兵士を1単位とする歩兵部隊の数単位から構成され，「軍事
監視団」よりは政情不安定な地域において，より活動的な任務を行い，オブザ
ベーションポストやチェックポイントの配置，およびパトロール業務が主要任
務となる。

　PKO は，「平和を造る」のではなく，文字通り「平和を維持する」ことを目
的としているためにその効果を具体的な数値をもってみることはできない。し
かし目にみえる効果はなくとも，危険性の軽減，安定化，その地域の紛争問題
への間接的な援助を PKO 活動の効果のなかに認めることができよう。また国

連という，国際的な公の機関が PKO を通して介入するので，武装集団も当事
国家も「顔をつぶすことなく」撤退して休戦交渉のテーブルにつくこともでき
るという効果もあることに注目すべきである。事実，1956 年のスエズ危機に
おいて，イギリスとフランスが名誉ある撤退をすることができたことも，この
効果の賜物である。「国連がいっているので仕方がなく撤退するのだ」という
理屈である。また，ポール・ダール（Paul Diehl）教授は，PKO のもつ道徳的，
人道的効果を指摘している。すなわち，PKO という国際的に認められた権威
ある「関所」を力ずくで通り越して，PKO 兵士に危害を与えてまでして相手
方と交戦状態に戻すのは，相当な国際的な批判を覚悟しなくてはいけないとい
うことである[6]。

３－４－２　PKO の概念

　第 2 代の国連事務総長であるハマショールドは，国連は病院でいえば患者に
対する医者ではなくむしろ看護師のようなものだ，とかつて述べたことがあ
る[7]。看護師は，初めての患者に対して初期検査にあたり，医者に指示された
範囲で看護にあたる。また簡単な応急処置にも対処をする。しかし大掛かりな
応急処置，治療および手術を自ら行うことはない。よって国連 PKO もこのハ
マショールドの概念が適用されるべきといえよう。PKO は紛争解決の主役に
はなれないのである。それは，紛争解決は軍事的に解決するのではなく政治的
に解決されるべきだからである。すなわち国際紛争は，PKO ではなく紛争地
域の政治家が解決するべきものなのである。つまり政治家が病院の医者に相当
するのである。PKO 研究の世界的権威である英国キール大学のアラン・ジェ
イムス（Alan James）教授がいうように PKO は補助的で 2 次的なものである[8]。
PKO 兵士は通常，武装集団や国家政府の間で休戦協定が結ばれた後に，両者
の要請に基づいて，またいつ紛争が再発されるかわからないような情勢不安定
な地域に派遣される。

　伝統的な PKO の基本原則を 3 つあげるとしたら，それは「合意」「中立」
そして「最小限の武装」であろう。まず，PKO は当事国側の政府もしくは武

装集団のすべてから派遣の合意を取りつけなければならない。この合意がなければ，PKO 兵士の安全は保障できず，兵士を送る貢献国の政府側もその派遣を承認することは難しい。当事国側の前向きな姿勢によって PKO の適切な行動が可能になる。また受け入れ側は，PKO 兵士にその領域内での活動の自由を認めることなど，国連の活動に対して全面的な支援が期待される。

　また，伝統的 PKO は，どの武装集団にも中立でなければならない。もし PKO がこの中立性をなくした場合には，この PKO は単なるアクセサリーに過ぎないか，あるいは新たな自ら別の武装集団に成り変わってしまうのである。そうなれば，当事者側と PKO 兵士の双方に多大な犠牲者を出してしまうのはいうまでもない。

　さらに PKO 兵士の武器携帯は，自己防衛のためのみの最小限の武装に限られている。すなわち通常はライフルのみであり，それに通常の軍用車を移動や輸送に使用し，通常の戦闘行為に使う大砲，戦車，戦闘機などは使わない。そのライフルでさえ，自分の身の安全を脅かす対象の者が出現してきた時のみに使い，その際もまず，空に向かい数発の威嚇発砲をしてからでないとその対象物に向かってライフルを使うことも許されない。それゆえ PKO 兵士は，競技場の（選手ではなく）レフリーにたとえられることがしばしばある。レフリーは，選手と比べるとその数も圧倒的に少なく，その物理的な力を誇示することもない。しかしレフリーは中立な媒体として絶対的な権威をもっているのである。PKO 兵士もその活動地域において同じような役割を果たしているのである。

　ハマショールドは，1956 年の第 1 次国連緊急隊（UNEF I）という新たな国連 PKO を設立した後，国連総会においてさらなる PKO の基本原則を述べた。そのなかでハマショールドは，国連 PKO は活動地において，受け入れ側との共同活動を禁じ[9]，「世界の監視人」として権威ある独立した地位を保つべきであるとしている。

　国連憲章作成時において国連 PKO はまだ設立されていなかったために，PKO の法的根拠なるものは存在しない。しかし国連憲章に適用してみると，PKO はその特質上，第 7 章（平和に対する脅威，平和の破壊及び侵略行為に関する

行動）に相いれられるものではなく，第6章（紛争の平和的解決）に近いものである。よってPKOは，国連憲章6章または「6章半」の活動であるといわれている。また国連憲章第1章，第2条の7項には，「この憲章のいかなる規定も，本質上いずれの国の国内管轄権内にある事項に干渉する権限を国際連合に与えるものではない」という内政不干渉の法則を明記している。よってその国連の管轄化にあるPKOも1国内における紛争ではなく，国家間の紛争に関してのみ関与すべきである。しかし民族や宗教間における市民戦争が多発している現状において，この内政不干渉の原則は再考の余地がある。

ハマショールドはまたPKOの非政治的な特質も指摘している。すなわちUNEF Iは，敵対する国家間（エジプト対イスラエル）での軍事バランスや国際社会における政治的バランスに影響されるべきではないとしている[10]。

さらにハマショールドは，PKOは新たな紛争状況が生じた場合に，その都度その人員を派遣すべきであり，いわゆる「先手を打つ」ようなPKO派遣が望ましいとしていない。つまりPKOは特定の状況のみに派遣されるものであり，一般化されるものではないという考えがあった。よってPKOは，待機軍のようなものを常設するのではなく，状況に応じて即興的に設立される特質をもつべきであるとハマショールドには考えられた[11]。また彼は，PKOは活動地域においては活動範囲が拘束されるものではなく，活動の自由が与えられるべきであるとし，そのために必要な設備も適切に配備されるべきであると述べている[12]。

このようなPKOの基本的な概念は，1958年6-7月における国連レバノン監視団（UNOGIL）の活動において最終的に確立されたといわれている。その当時イランにクーデターが勃発し，レバノンの安全状況も悪化した。アメリカはそのクーデターがソ連から援護を受けていると断定し，クーデターの影響がレバノンにも及ぼされることを恐れ，自らのアメリカ海軍をUNOGILに組み入れることを要請した。しかしハマショールドと安全保障理事会は，アメリカ軍が混成したUNOGILでは，その独立や中立性が損なわれるとして，アメリカからの要請を断り，その代わりにUNOGILの兵力の増強を決定した。

第3章　国際連合とPKO　○── 65

　この決断は，PKOの伝統的な原則や概念を確立するうえで重要であったとされている。もし国連がUNOGILにおいてアメリカの介入を許してしまっていたら，このミッションはより政治的になり，より強制力の強い活動になり，その中立性は損なわれていたであろう。特筆すべきは，国連は，UNEF Iにおいてはイギリスおよびフランス軍，そしてUNOGILではアメリカ軍という大国の軍事介入を阻止したということである。

　総括すれば，PKOの本質は，非強制的であり，補助的であり，中立的であり，非政治的であり，そして即興的である。それは，PKO兵士と受入国との間で相互の信頼や良好な協調関係によってその効果や効率性が向上されるのである。

【注】
1）家正治，川岸繁雄，金東勲（編）『国際機構（第三版）』世界思想社，1999年，pp. 1618。
2）ただし厳密には，1944年8月21日から9月28日までは，アメリカ，ソ連，イギリスで討議され，9月29日からはアメリカ，イギリス，中国で討議された。
3）最上俊樹『国連とアメリカ』岩波新書，2005年，p. 87。
4）ここに記載されているところの多くは，国際連合広報センター（編）『国際連合の基礎知識』（財団法人世界の動き社刊，1991年）を参考にしている。
5）International Peace Academy, Peacekeeper's Handbook, New York 1978., p. III/4
6）Diehl P. F. *Intenational Peacekeeping* (Baltimore and London: The Johns Hopkins University Press, 1993), p. 29
7）Ibid. p. 29
8）James A. *Peacekeeping in International Politics* (London: Macmillan, 1990), p. 1
9）Hammarskjold D., "The UNEF Experience Report" in Cordier A. W. and Foote W. (eds.) *The Pulic Papers of the Secretary-General of the United Nations*, Vol.5: Dag Hammarskjold 1958-1960 (New York: Columbia University Press, 1974), p. 284
10）Ibid.
11）Ibid. p. 280
12）Ibid. p. 283

第3部

国連PKOの実践における課題：
UNIFIL（国連レバノン暫定軍）を
ケースに

第4章
歴史的に見る UNIFIL の課題

4－1　レバノン情勢と UNIFIL

　かつては「中東のスイス」と称されたレバノンは，国内の各宗教によって結成された武装集団間の紛争，そして長年にわたって繰り広げられたアラブ国家とイスラエルとの間の中東戦争での戦場舞台で大きな苦境に陥っていた。実際に，1990 年代前半にレバノン国内に駐留する武装勢力は，イスラエル軍の他にも，アマル（Amal），ヒズボラ（Hezbollah），ドルーズ派（Druz），南レバノン軍（South Lebanese Army），シリア軍，イラン革命軍（Iranian Revolutionary Force），パレスチナ解放機構（PLO）等が駐留しており，それぞれがその政治的・軍事的政策の下にお互いに牽制しあい，時には紛争を起こすという状況であった。これはレバノンが，「他人の戦争の最たる犠牲者」[1] であったと言える。

　1960 年代から 70 年代には，レバノン政府はすでに自国内の全ての武装勢力をコントロールする能力を持ちえていなかった。その当時とりわけ大きな勢力を有していたのは PLO，キリスト教民兵，そしてシリア軍であった。PLO は，それまでヨルダンに拠点を置き，そこよりイスラエル領土に攻撃を仕掛けていた。その後ヨルダンのフセイン王の決断により PLO はヨルダンから追放され，レバノン南東部にあるアルクーブ（Arqoub）という地域に新たに軍事基地を設立した。しかし PLO とイスラエルとの敵対関係の結果，このアルクーブにそれまで住んでいたイスラム・シーア派住民はベイルート等への移住を余儀なくされた。それでも多くのイスラム系レバノン人は，PLO のイスラエル

第 4 章　歴史的に見る UNIFIL の課題　○── 69

に対する抗争を支持していたものの，レバノン内のキリスト教・マロン派教徒
（Maronite）は，パレスチナ人はレバノン国内においては結束力の問題，そして
国外においては安全保障上の問題において脅威になりうると，PLO のレバノ
ンにおける駐留に反対した。その結果，マロン派を中心とするレバノン陸軍と
PLO との間で 1969 年 5 月から 10 月まで交戦状態が続いた。そして 1969 年 11
月に締結されたカイロ合意において，レバノン政府は自国内での PLO の武装
化を合法化し，PLO に譲歩した形となった。その見返りとして PLO は，レバ
ノン内の内政には干渉しないという事に合意した。しかしレバノン政府の大き
な懸念材料として，PLO は隣国シリアから多額の財政，及び軍事支援を受け
ていたことがあげられる[2]。

　シリア軍もまた 1975 年当時イスラエルから支持を受けていたキリスト教徒
武装集団と PLO から支持を受けていたレバノン国民活動（Lebanese National
Movement：LNM）というイスラム系左翼グループとの間で勃発した「レバノ
ン内乱」を鎮圧するため，レバノンに軍事介入を行った。よってシリア軍のレ
バノン領土内での駐留に関する正当性も認められていた[3]。さらにキリスト教
武装集団もまたその当時レバノン政府軍としてのその任務が公認されていた。

　要約すると 1970 年代のレバノンは「イスラエル対 PLO」そして「キリスト
教武装集団対イスラム教武装集団」という 2 つの大きな対立を抱え，その事が
レバノンの政情を不安定化させる要因となった。そしてレバノンにおける 3 大
武装集団である PLO，シリア軍，キリスト教武装集団においては，それぞれ
レバノン内の駐留が正当化されており，この事が後に活動する国連レバノン暫
定軍（United Nations Interim Force in Lebanon：UNIFIL）の遂行に際して多大な
困難を要したと言える。

　そのような武装集団の中でも，とりわけ PLO の活動は南レバノンにおい
てはその勢力を強め，そこから 1949 年に合意された休戦境界線（Armistice
Demarcation Lines）を越して，イスラエル北部の町において頻繁に敵対行為を
続けた。PLO によるカチューシャ・ロケット弾がイスラエルとの国境付近に
頻繁に投下された。このような攻撃は国境付近のイスラエルの住民の生活を著

しく困難にせしめた。特にそのようなロケット弾の攻撃を受けている間人々は何時間も地下シェルターでの避難を強いられた[4]。それ故イスラエル軍のPLOへの攻撃は，大体においてPLOへの報復措置であった。しかしその報復措置は迅速かつ大規模なものであった。

1978年3月11日イスラエルの都市テルアビブ近郊で運行されるバスにPLOが砲撃を行った。その後イスラエル軍兵士とPLOゲリラ兵士との間で銃撃戦が勃発し，双方合わせて37名が死亡し76名が負傷した。この一連の事件がUNIFIL設立の直接の契機となった。イスラエル軍は，報復措置として3月14日・15日にかけてレバノンに侵攻し，その後数日間のうちにPLOの軍事基地であるタイヤ（Tyre）とその周辺の都市以外の南レバノン全域を占領した。（これはリタニ作戦 Operation *Litani* と呼ばれている。）

アメリカのジミー・カーター（Jimmy Carter）大統領は，このイスラエルの南レバノン侵攻に深い懸念を示し，当時エジプトとイスラエル間で進行中であった和平交渉に影響を与えかねないと考えた。そしてアメリカ国連大使であったアンドリュー・ヤング（Andrew Young）がUNIFILを設立すべく国連安全保障理事会の決議書を起案し，それが3月19日国連安全保障理事会決議425（1978）として採択された。その決議425におけるUNIFILの任務は次の3つであった。

1）イスラエル軍の南レバノンからの撤退を監視する

2）南レバノンの安全保障を回復させる

3）レバノン政府の南レバノンにおける実効力のある権威の回復を援助する

この決議425の安全保障理事会における採決に際して，アメリカをはじめ12カ国は賛成票を投じたが，ソ連とチェコスロバキアは棄権に回り，中国は不参加であった。安全保障理事会において，とりわけソ連の代表トロヤノフスキー（Troyanovsky）は今回のイスラエルの侵攻を南レバノンの占領，そしてパレスチナ人の抵抗運動の破壊と位置付け，厳しく非難した。よって彼はUNIFILにかかるすべての費用はイスラエル1国が負担すべきと主張し，それ

第4章 歴史的に見る UNIFIL の課題 ○—— 71

を契機に 1986 年までソ連とワルシャワ条約機構加盟国は，UNIFIL にかかる費用の負担を拒絶した[5]。実際に 1978 年当時ソ連はアメリカ主導で行われていたエジプト・イスラエル間の和平交渉に懐疑的であり，よって同じくアメリカ主導で行われようとする新たな中東での国連ミッションである UNIFIL に公に賛同することはできなかった。一方中国は国家における民族自決および内政不干渉の原則を支持していたゆえ，UNIFIL のみならず国連 PKO 全般に距離を置いていたと言える。このように UNIFIL は，ソ連と中国から全面的な賛同を得られないながらもその活動をスタートすることとなった。

4－2　UNIFIL の設立

1978 年 3 月 20 日ガーナのエルスキン陸軍大将（General Emmanuel Erskin）は，UNIFIL の最高司令官に任命され，UNIFIL の本部をナクーラ（Naqoura）に定めた。UNIFIL 行政官であるシラスヴォ大将（General Ensio Siilasvuo）は，イスラエル政府に対して，イスラエルが延滞なくレバノンから撤退することを確約する協定を結ぶ交渉を開始した。またエルスキンと国連事務次官代行であったジェームス・ジョナ（James Jonah）は，PLO のアラファト（Yasser Arafat）議長と会合し，UNIFIL の活動の概略を説明し，彼に UNIFIL への協力を求めた。このようなエルスキンやシラスヴォの「シャトル外交」は，南レバノンにおける平和創造プロセスの枠組を作成する上で重要な役割を果たした。

UNIFIL の要員規模に関しては当初 4,000 人が妥当であると考えられていたが，1978 年 4 月にクルト・ワルトハイム（Kurt Waldheim）国連事務総長が現地に視察し，その後エルスキンと検討した結果，同年 5 月に採択された国連安全保障理事会決議 427（1978）では，その予定規模が 6,000 人に増員された。その結果 1978 年 6 月中旬には世界各国から約 6,100 人の部隊が UNIFIL に配置された。その UNIFIL の貢献国の内訳は，歩兵部隊としてノルウェー 723 人，フランス 703 人，ナイジェリア 669 人，アイルランド 665 人，ネパール 642 人，セネガル 634 人，イラン 514 人，フィジー 500 人，後方部隊としてフランス

541 人，ノルウェー 207 人，カナダ 102 人であった[6]。当時安保理常任理事国は，国連 PKO への部隊派遣は行わないことが原則であったが，フランスはレバノンの植民地時代における宗主国であったため，フランスは例外的に UNIFIL へ部隊を派遣した。また同じ中東の国連休戦監視機構（UNTSO）より 42 名の軍事監視団が UNIFIL を援助するために 1978 年 4 月 1 日よりレバノン監視グループ（Observer Group Lebanon：OGL）として UNIFIL の指揮の下に結成された。

UNIFIL の任務は，概ね 3 段階から構成された。まずイスラエル軍の撤退を監視すること，次に南レバノンを平和な情勢へ回復させること，そして最終段階としてその地域全体をレバノン政府の管理下に戻させることであった[7]。このような責務に対して，様々な任務が UNIFIL に要求された。まず活動全領域を通して，道路ブロックやチェックポイントを主要道路に設け，車両，人，軍備品等がチェックされた。次に主な潜入ルートに監視ポストを設立し，各武装勢力の他の勢力地域への潜入を未然に防いだ。また徒歩あるいは車両によるパトロールを主要幹線道路や村々に至るまでに実行し，UNIFIL の存在を最大限に発揮した。さらに夜間に不定期に傾聴ポストを設置し，非公認の武装グループ等の発見に努めた[8]。ワルトハイム国連事務総長から国連安保理への報告によると，このような任務を効果的に遂行するために次のような条件が満たされるべきであると指摘されている。

　a．UNIFIL は，国連安全保障理事会から十分な信頼や支持を何時でも得ていなければならない。

　b．UNIFIL は，関係政府及び各派武装勢力から十分な協力を得て任務を遂行しなければならない。

　c．UNIFIL は，社会に調和し実効力のある部隊でなければならない[9]。

4－3　UNIFIL 初期の活動状況

　設立初期（ここでは 1978 年から 1982 年にかけて）の UNIFIL はそのマンデートを遂行できたと言えるであろうか。ここでは前述した国連安保理決議 425

（1978）に定められた UNIFIL の 3 つの任務をその設立初期の遂行状況と照らし合わせて論じてみる。

① イスラエル軍の南レバノンからの撤退を監視する

　この任務の遂行は，UNIFIL の活動状況に直接的に大きな影響を与える。なぜならばイスラエルが撤退する領域と UNIFIL が活動する領域は密接に関与しているからである。言い換えれば，このマンデートは UNIFIL にとって緩衝地帯を形成する上でとても重要ということである。

　イスラエル軍の南レバノンからの撤退は，3 段階で行われる計画であった。第 1 段階のイスラエル軍の撤退は 1978 年 4 月 11 日に完了し，その結果南レバノンの北東地域と東部の一部の地域の統治権は UNIFIL に移譲された。4 月 13 日第 2 段階としてイスラエル軍は，リタニ川（The Litani River）の南東部から撤退した。しかし 1978 年 6 月 13 日イスラエル軍は最終段階として南レバノンの残りの全地域から撤退する際に，別名「実質軍（De Facto Force：DFF）」と呼ばれるキリスト教武装勢力の指揮官であるサード・ハダド少佐（Major Saad Haddad）にその統治権を移譲した。その結果 DFF が支配した領域は，UNIFIL の活動領域の実に 30% を占めることとなった。イスラエルは 1978 年 3 月の南レバノンへの侵攻の目的は，PLO との直接衝突を避けるためにレバノンとその国境から 10km 先に「安全地帯（security zone）」を形成するということであった。その意味においてイスラエルはその地域から撤退しながらも DFF という，いわばイスラエルに従属する民兵集団が支配することになり，その目的を達したと言える。この「安全地帯」を形成するというイスラエル側の政策は，後に UNIFIL がこのマンデートを遂行する上で大きな障害になった。

② 南レバノンの安全保障を回復させる

　UNIFIL は，南レバノンに設立されて以来 PLO・イスラエル双方からも十分な合意を得なかった。よって UNIFIL は設立以来数多くの活動上の困難に直

面した。とりわけ設立初期の時代においては，DFF からの脅迫行為が特に深刻であった。1979 年 1 月のワルトハイム国連事務総長からの報告書によると，その当時 DFF が関与した事件・事故は連日のように発生していた。UNIFIL の軍事施設の中でもとりわけ中東部地域においては，至近距離からの迫撃砲を含む様々な攻撃を受けた。DFF は自分達を支持しない一般市民も標的にして更なる攻撃を加えた。その結果多くの市民は，より安全な場所へ避難せざるを得なくなった[10]。一方アラブ・パレスチナ側の武装集団（Armed Elements）に関しては，特にパレスチナゲリラによる UNIFIL の活動地域への潜入の企てが継続的に行われた。例えば，国連の報告書によると，1979 年 6 月 9 日から 12 月 10 日までの 6 ヶ月間の間に 785 人の武装民兵を含む計 110 回の潜入行為が記録されている[11]。

　一方 UNIFIL の武装集団に対する非効率な潜入防止策は，時として深刻な事件に発展した。例えば 1979 年 8 月 14 日，ナイジェリア部隊がある武装集団の UNIFIL 活動地域への潜入を阻止した直後に，同じくナイジェリアの別のパトロール部隊が身元未確認の武装集団から奇襲攻撃を受けた。10 日後の 8 月 24 日には 2 台のフィジー部隊のパトロール車両が武装集団から奇襲攻撃を受け，その結果 2 人のフィジー兵士が死亡し，別の 2 人が負傷した。さらに同年 10 月 2 日にはセネガル兵士 1 人がチェックポイントでの任務の際に銃撃され負傷した。すなわち 1979 年の数カ月間において，多くの頻度で UNIFIL の兵士が武装集団から攻撃や威嚇行為を受けていたのである[12]。

　さらに UNIFIL の活動領域において，飛び領土を支配している DFF とタイヤ渓谷（the Tire Pocket）やリタニ川北岸に駐留する武装集団との間での銃撃戦が頻繁に行われていた。その銃撃戦においてイスラエル兵士が DFF に加わっていたことも珍しくなかった。その銃撃戦の中には砲撃弾が UNIFIL 駐屯地のわずか数メートル内の所に落ちることもあり，そのような状況は UNIFIL の現場の兵士のみならず，派遣国政府，国連本部にとっても深刻な懸念材料であった[13]。

　このような交戦状況の中で，最も深刻であった事件の一つに「マスガブアム

（Masgav Am）」事件がある。これは 1980 年 4 月 6 日から 7 日にかけて 5 人の
パレスチナ人テロリストグループがイスラエルとの国境を超え，イスラエルの
キブツであるマスガブアムに侵入し，多くの女性や子供を含むイスラエル市民
を殺害した事件である。

　南レバノンの緊迫した情勢は，UNIFIL 兵士にも多大な犠牲をもたらした。
1982 年 6 月におけるデクレアル国連事務総長からの報告書によると，1978 年
の UNIFIL 設立以来，75 名の UNIFIL 兵士が死亡した。その内訳は 34 名が
銃撃や爆撃あるいは地雷爆破により，31 名が不慮の事故により，10 名が自然
死によるものであった。そして 115 名が負傷したという報告書も出されてい
る[14]。

　よって UNIFIL が南レバノンの安全保障の向上に多大に貢献したとは言い難
い。確かにこの時期の国連事務総長の報告書にも書いてあるように「UNIFIL
の貢献がなければこのような敵対行為は，すべてに過度な緊張を強いられてい
るレバノンにおいて新たな危険分子を生み出していた」[15] かもしれない。しか
しこれまで記述したようなイスラエル，PLO，その他の武装集団を巻き込んだ
交戦状態，そしてそれによる一般市民や UNIFIL 兵士を含む多数の犠牲者を
考慮すれば，この「南レバノンの安全保障を回復させる」というマンデートの
遂行を前向きに評価するのは難しいと言える。

③　レバノン政府の南レバノンにおける実効力のある権威の回復を援助する

　この任務は上記にあげた 2 つの任務と比較してとりわけ遂行困難なものと考
えられる。なぜならばレバノン政府は 1960 年代以来，その国家全土にわたり
その主権を行使することができなかったからである。

　この任務を遂行する最初の試みは，UNIFIL の駐留地域にレバノン政府から
派遣された文民の行政局を配置することであった。その結果 1978 年 6 月から
7 月にかけてタイヤ地域に行政官を配置させ，さらにその地域の 5 か所にそれ
ぞれ 100 名の憲兵を駐在させた。それら憲兵は次第に常勤の警察機能を果たす
ようになった[16]。

次の試みは，アメリカからの提案としてレバノン政府軍の南部への駐留であった。イスラエルはこの件に関しては干渉しないという当時のワイツマン（Weizman）外相からの確約にもかかわらず，このレバノン正規軍の歩兵部隊は，1978年7月31日UNIFIL駐留地域の北西部に位置するカウカバ（Kawkaba）という町を進軍中にハダド率いるDFFから砲撃を受け，更なる進軍を阻止された[17]。

しかし1979年1月19日，国連安全保障理事会決議444（1979）が採択され，南レバノンにおけるレバノン政府の権威の回復を促進する実効案が採択された。この実効案は先述した，1）南レバノンにおけるレバノン人民行政官配置の増加，2）UNIFIL駐留地域内におけるレバノン政府軍歩兵部隊の導入のほかに，3）南レバノンにおける停戦状況の強化，4）飛び領地におけるUNIFILの更なる駐留要員の増加，という4つの段階から構成された[18]。その結果DFFからの激しい敵対行為にも関わらず，1979年4月兵力500のレバノン政府軍歩兵部隊がUNIFIL駐留地域に配置され，その2年後の1981年6月には2隊目の歩兵部隊が配置され，総軍事要員が1,350になった。

しかしこれらの歩兵部隊の配置がPLO，DFF，シリア軍などの当時レバノンに駐留していた外部からの武装勢力に強い影響力を与えたとは言えず，よってレバノン政府が南レバノンにおける政治的権威を回復させたとは言い難い。実際にPKO研究の権威であったアラン・ジェイムス（Alan James）も「結局，この当時のレバノン政府軍の南レバノンの配置は形だけのジェスチャー，あるいはレバノン政府からの単なる象徴に過ぎなかった」と述べている[19]。

要約すると設立初期のUNIFILは，国連安全保障理事会決議425（1978）のマンデートに要求した任務を遂行したとは言い難い。実際に1978年から1979年にかけての国連事務総長からのUNIFILに関する報告書の中には「現在のUNIFILの状況は，受け入れられるものではない」とか「UNIFILの活動における進歩はほとんど見られない」といった否定的な記述が多く，これと同様の内容の文面がその後の報告書にも繰り返し記述されている。

第 4 章　歴史的に見る UNIFIL の課題　○── 77

4－4　任務が遂行できない要因

　このように UNIFIL は，その設立初期の段階において任務を遂行させることは非常に困難であった。それではその任務の遂行を妨げた要因は何か。この疑問に答えるためには，先述したワルトハイム国連事務総長からの報告書における任務を効果的に遂行するための 3 つの条件が満たされていたかを議論すべきである。

① 議論 1「UNIFIL は，国連安全保障理事会から十分な信頼や支持を何時でも
　　も得ていなければならない」

　先述したように，まず国連安全保障理事会決議 425（1978）の採択において，ソ連と中国はそれぞれ棄権と不参加であり，UNIFIL の設立には前向きな理解を示さなかったことを念頭に置く必要がある。

　アメリカは，イスラエルの南レバノンからの撤退の監視を任務とする UNIFIL それ自身を提唱した国であったが，その影響力を行使するには政治的に難しい状況であった。一方ではアメリカは UNIFIL の任務の遂行を阻止することを企てるイスラエルの行為を抑制することができる唯一の国家であると同時に，他方では同国は安全保障理事会においては，イスラエルの国益を保護することを半ば義務付けられている国家でもあった。実際に当時のアメリカ国連代表は，安保理におけるイスラエルに対するいかなる非難にも賛同せず，「UNIFIL に関する安保理決議に対する（アメリカの）拒否権は UNIFIL の立場を著しく苦境に追い込むであろう」と公言している[20]。UNIFIL 設立当時のアメリカのカーター政権が UNIFIL に対して高い政治的意思を持ち合わせていたかについては，前国連事務次長のブライアン・アークハート（Brian Urquhart）によって次のような懐疑的な意見が述べられている。

「1978 年に UNIFIL が設立された時，どうしてアメリカに熱狂的なもの
が UNIFIL に芽生え得ることができようか。なぜならばその当時アメリカ
はキャンプ・デービッド交渉（エジプト・イスラエル間の国交樹立を目指した
交渉）の真最中にあったからだ。よってその当時南レバノンにおけるイス
ラエルの行為に対して無作為のままであれば，このキャンプ・デービッド
交渉が頓挫すると懸念されたのだ。よって当時の国連大使のアンディー・
ヤング（Andy Young）が安保理決議 425 を推し進め UNIFIL が設立され
たにすぎない [21]。」

カーター大統領は，自叙伝の中で 1978 年 9 月のキャンプ・デービッド交渉
の最中にエジプトのサダト大統領から，「アメリカはレバノンの状況に対して
多くの時間を割く意思はあるのか」と聞かれたと述べている。その際にカー
ターは「現在のレバノンの危機的状況に対しては，アメリカの直接的な国益が
見出せない以上，この継続するレバノンの悲劇を永久的に解決すべく具体的な
努力を模索しない」と返答したことをその自叙伝の中で認めている [22]。アラ
ブ諸国も同様に考え，レバノン情勢の問題よりもキャンプ・デービッドの和平
交渉やイラン・イラク戦争により大きな関心を寄せていた。要約すれば，南レ
バノンはその当時国際社会においては，あまり重要でない問題であったと言え
る。

　さらに UNIFIL と同様に 1970 年代に設立された第 2 次国連緊急隊（UN
Emergency Force II: UNEF II, 1973-79）と比較すると，米ソのような超大国の外
交レベルにおける双方の紛争への対応が大きく異なっていたことは特筆すべき
である。すなわち UNEF II に関しては，その設立後においても，アメリカの
ヘンリー・キッシンジャー国務長官による「シャトル外交」により，関係諸国
あるいは武装集団からの高いレベルでの協力体制と効果的な任務の遂行が可能
になった。実際に UNEF II に関するエジプト・イスラエル間における和平プ
ロセスとして，以下のような幾重もの外交努力がなされた。

第 4 章　歴史的に見る UNIFIL の課題　○── 79

1973 年　中東問題に関するジュネーブ会議
1974 年　エジプト・イスラエル間第 1 次兵力引き離し協定
1975 年　同第 2 次兵力引き離し協定
1978 年　キャンプ・デービッド協定
1979 年　イスラエル・エジプト和平協定

キッシンジャーのシャトル外交は，ゴラン高原におけるイスラエル・シリア両軍の兵力引き離しを目的として設立された，国連兵力引き離し監視隊（UNDOF）の設立にも大きく貢献した。そのような高い外交的・政治的レベルの努力が，UNEF II や UNDOF の活動にも良好な影響を与えたのであった。しかしながらそのような努力が南レバノンでは見られなかったのである。UNIFIL の活動の効率や効果と言った問題は，政治的側面に大きく影響を受けたと言える。

② 　議論 2 「UNIFIL は，関係政府及び各派武装勢力から十分な協力を得て任務を遂行しなければならない」

　この条件は，国連 PKO を適切に機能させるうえでも最も根本的なものである。PKO の設立は，その活動地域において敵対状況が緩和され，停戦合意がなされるまで待たなければならない。各政府や武装勢力から十分な協力を得るためには，国連は彼らにその PKO の目的や双方にとっての利益を理解させたうえで PKO 設立の合意を得なければならない。その見返りとして国連 PKO は，その設立後においては各武装勢力の間で中立な政策をとらなければならない。しかし UNIFIL に関しては，南レバノンにおいてそのようなプロセスがとられることはなかった。

　実際に当時南レバノンの政情をすでに理解していた者は，その地に国連 PKO を設立することに深い警戒感を抱いていた。例えば当時中東における PKO の調整官を務めていたシラスヴォは，UNIFIL 設立の考えに強く反対し，ニューヨークの国連本部に自ら赴き，その考えを改めるよう強く訴えたという[23]。

同様に，非同盟諸国の中にも UNIFIL（国連レバノン暫定軍）がその名称のような「暫定的な」駐留ではなくなるのではないかと懸念する国も現れた[24]。国連事務局でさえも当時の南レバノンの不穏な状況を鑑み，その設立の考えに対して決して前向きではなかった[25]。つまり UNIFIL はアメリカの強いプレッシャーによってやむを得ず設立されたのである。

UNIFIL における任務の不明瞭であることも各武装勢力から十分な協力体制を得られなかった一因である。国連安保理決議 425（1978）は妥協と即興の産物であり，そのマンデートも具体性に欠ける。その結果，関連各派は UNIFIL の任務に対して異なった認識を持っていた。例えばイスラエルは，UNIFIL が PLO の拠点であるタイヤやカスミヤ橋を含んだリタニ川南岸の全域を支配することを望んでいた。PLO は，タイヤやカスミヤ橋はイスラエルが占領した地域ではないゆえ，その地域への UNIFIL の駐留には反対であった。レバノン政府は，実質 UNIFIL に白紙委任をしていた[26]。1969 年のカイロ協定により，PLO のレバノンにおける駐留が合法化されたために，一般的に UNIFIL は「PLO 寄り」であると考えられていたが，その PLO でさえも南レバノンにおける UNIFIL の駐留には反対であった。PLO のイスラエルへの威嚇攻撃が UNIFIL の駐留によって間違いなく阻止されるであろうと考えたからである。よって南レバノンにおいては停戦合意の締結が望まれていなかったと言える。

UNIFIL の中立性に関しては，国連安全保障理事会決議 425（1978）に照らし合わせれば，当然ながら UNIFIL は中立性を保って任務にあたっていたはずであるが，イスラエルは UNIFIL が「過度に PLO 寄り」であったと主張している。例えば UNIFIL は PLO の UNIFIL 駐留地域での非軍事物資の供給を許可したり，チェックポイント等で一度没収した武器でも一定の期間を過ぎると PLO に返却したりすることをイスラエルは非難した。またイスラエルは，UNIFIL が PLO の UNIFIL 駐留地域やイスラエルへの潜入行為を阻止する任務を非難し，さらに UNIFIL は時折 PLO と協力体制であるとさえ主張していた。国連高官もまたパレスチナ勢力が UNIFIL 活動地域に潜入し続け，それが原因で 1978 年から 1982 年にかけて UNIFIL 活動地域における PLO 側の支

配地が徐々に増大していたことを認めた[27]。

更にイスラエルのイェフダ・ブラム（Yehuda Blum）国連大使もまた中東問題に関しては，国連安全保障理事会はイスラエルのアラブ政策を非難するアラブ国家からの審議要請は受けても，イスラエルに対するアラブ側のテロリスト攻撃を安保理の議題にあげたことがないと非難した。それにもかかわらず UNIFIL 兵士の武装勢力からの敵対行為による犠牲者の数においては，DFF からよりも PLO からの攻撃によるものの方が多いというデータも公表している[28]。

③　議論３「UNIFIL は，社会に調和し実効力のある部隊でなければならない」

この条件を考慮するうえで，まず UNIFIL 本部のナクーラの位置関係について議論すべきである。なぜならナクーラは UNIFIL 駐留地域においてまさに「飛び地」の所に位置しており，よって各部隊への連絡にも困難が生じていたからである。UNIFIL に駐留していた各国からの将校達は，ナクーラの UNIFIL 本部が手の届かないところにあり，本部のスタッフ達は各部隊のフィールドでの状況に積極的に対応できていないと主張している[29]。また本部から各部隊への道のりも決して安全とは言えなかった。

活動装備に関しても，UNIFIL 設立当初は各部隊が到着した時点では，大きな問題を抱えていた。ある部隊では輸送装備に問題があり，また別の部隊では通信機器に問題が生じていた。UNIFIL 全体における即興主義的政策は，国連の財政面の問題にも起因するが，この問題は活動装備の面でも顕著に見られた。例えば UNIFIL の活動において使用された車両は，各国の部隊からそのまま運ばれたために 53 種類もの異なった車両が UNIFIL の活動地域で使用される事となった。そのために UNIFIL の整備部隊は，その全ての車両を整備すべく技能が要求され，それぞれの代用部品も用意しなければならなかった[30]。

また UNIFIL の歩兵部隊には構造上の問題も指摘された。まず第１に UNIFIL に限らず国連 PKO の多くは，各要員において６か月の任務期間を定めている。しかし UNIFIL においてはこの６カ月という任務期間は十分な長さとは言えず，要員が入れ替わるごとにそれまで築き上げてきた UNIFIL 兵

士と地域の市民や武装グループとの信頼関係が損なってしまうこともあった。
（しかしこれは UNIFIL に限った事ではない。）

　第2の問題として，各国の UNIFIL 派遣団が南レバノンに派遣されるまで
に至る過程や背景の差があげられる。これらの差異というものは，派遣され
るまでに至る軍事訓練にとどまらない。各歩兵部隊が UNIFIL というミッシ
ョンをどのように解釈し，どのような活動を行うように指示を受けているかと
いう事柄における差異も含まれている。その結果，活動初期においては一般的
にフランスとフィジーからの部隊は他の部隊と比較して，より規律を厳格に守
り，セネガル隊は PLO に寛大であり，ネパール隊は DFF に親密な傾向にあ
るという違いが見られた。このように活動における任務姿勢の一貫性の欠如が
見られた[31]。

　第3の問題として機密情報（インテリジェンス）機能があげられる。イスラエ
ル高官は，UNIFIL における適切なインテリジェンスサービスが欠如しており，
その事が UNIFIL が地域の安全保障を維持するうえで主な弱点の一つである
と述べている[32]。

4−5　1982年以降のレバノン情勢と UNIFIL の対応

　イスラエルは 1978 年にレバノンに侵攻し，UNIFIL を受け入れた後もレバ
ノン領土内に駐留する武装勢力に対して大きな軍事行動を起こしている。まず
1982 年 6 月イスラエル軍は，レバノンの東ベイルートにある PLO の軍事拠点
を攻撃するためにレバノンとの国境を越えて大規模な軍事進攻を行っている。
（これは「ガリリー平和作戦」Operation *Peace for Galilee* と呼ばれている。）このイス
ラエルの軍事進攻は PLO の要地を破壊し，そこに安全地帯を築き PLO のイ
スラエル北部へ放つロケット弾を阻止するのが目的であった。UNIFIL は，こ
のイスラエルの侵攻に対して全くの無力であった。例えば PLO の拠点である
タイヤにつながる幹線道路においてオランダ部隊がイスラエル軍の戦車の進行
を阻止すべく障害を作ったが，これらはイスラエル軍によって簡単に撃破され

た。ネパール部隊もカルダラ橋（Khardala bridge）で同様な試みをしたが失敗に終わった。結局自己防衛のみの軽武装でしかない UNIFIL 兵士は，イスラエル軍の戦車を阻止することができず，UNIFIL の要地はイスラエル軍の通過を許す結果となった[33]。

　1984 年 DFF のハダド将軍が死去し，DFF に代わり南レバノン軍（South Lebanese Army：SLA）がイスラエルの傀儡として南レバノンの安全地帯をイスラエル軍と共に支配し始めた。UNIFIL はその安全地帯においてはイスラエル軍と SLA を実質の占領軍として受け入れざるを得ない状況になった。UNIFIL のチェックポイントにおいては，SLA の戦車はそれを止めようとする UNIFIL の兵士を押しのけ，強引に突破を図ることも珍しくなかった。安全地帯では UNIFIL の全ての空輸活動はすべてイスラエル軍から事前に承認を得なければならなかった[34]。1985 年 2 月 27 日ハビエス・ペレス・デクレアル（Javier Perez de Cuellar）国連事務総長は UNIFIL の報告書の中で，UNIFIL が安全地帯において抱えるジレンマについて明確に述べている。そのジレンマとは，UNIFIL は安全地帯において，占領軍であるイスラエル軍や SLA に対するレバノン人の抵抗行為を妨げる権利もなければ，イスラエル軍によるレバノン人への報復措置を阻止することを認める任務もなかったということである[35]。

　イスラエルの南レバノンの占領が恒久化しつつあるにつれて，その占領地はそれに反感を抱くレバノン人武装グループによる攻撃の的となった。その新たな武装集団は，アマル，ヒズボラ他パレスチナ人組織であった。そして 1980 年代より PLO に代わりヒズボラがイスラエル占領軍と敵対する武装勢力の中心となっていった。そしてイスラエル軍は，1990 年代には，1993 年そして 1996 年の 2 度にわたって大規模にヒズボラに対して軍事攻勢をかけている。（それぞれ Operation *Accountability*, Operation *Grape of Wrath* と呼ばれている。）特に 1996 年の攻撃においてイスラエル軍は，同年 5 月 7 日 UNIFIL 駐屯地に砲撃を加え，101 名のレバノン人避難民が死亡した。ブトロス・ガリ（Boutros Ghali）国連事務総長もこのイスラエルの UNIFIL 駐屯地への砲撃は誤爆ではないとの見解を盛り込んだ報告書を国連安保理に提出した[36]。このイスラエル

軍のヒズボラ要地への砲撃の結果350,000 − 500,000人のレバノン市民が避難民となった。

　その後イランやシリアから財政及び軍事援助を受けているヒズボラは勢力を強化していった。そしてついにイスラエル軍は，ヒズボラからの勢力に屈した形で2000年5月24日南レバノンから完全に撤退した。そしてイスラエルの撤退後SLAは解体を余儀なくされた。2001年1月コフィ・アナン（Kofi Annan）国連事務総長は，UNIFILの任務のうち「イスラエル軍の南レバノンからの撤退を監視する」および「レバノン政府の南レバノンにおける実効力のある権威の回復を援助する」の2つが遂行されたと表明した[37]。そしてそれに伴いUNIFILの兵力も次第に減少していき，2006年7月には1,990名ほどまでになった。その後UNIFILは国連PKOの中でも成功した事例として広く一般的に認識されるようになった。

　しかし実際には，イスラエルの撤退後南レバノンを支配してきたのはレバノン政府軍ではなくヒズボラであった。ヒズボラはイスラエルを標的にしたロケット弾を約10,000発所有しており，設立以来一貫してイスラエルとのゲリラ戦，あるいはテロリスト戦争を繰り広げてきた。つまりイスラエルが去ってもヒズボラが入ってきただけと考えることができる。そしてイスラエルの南レバノン撤退後も，継続的にイスラエルに対して敵対行為を行っており，そのような事実からもUNIFILが「レバノン政府の南レバノンにおける実効力のある権威の回復を援助する」というマンデートを遂行したとは言い難い。

　そして2006年7月12日イスラエルは，ヒズボラとの再度の戦闘に突入した。7月13日イスラエル軍は，南レバノンに大規模な空爆を行い，道路や橋などの30の施設を破壊した。このイスラエルの空爆及び地上戦は表面上3名のイスラエル兵のヒズボラによる拉致問題が原因となっているが，実質は2000年ヒズボラに追い立てられるかのように屈辱的に南レバノンから撤退せざるを得なかったことに対するイスラエルの報復であったのは明らかである。すなわちUNIFILで唯一遂行されたと考えられていた「イスラム軍の南レバノンからの撤退を監視する」というマンデートも，実質的には南レバノンの情勢から鑑み

ると，必ずしも遂行されたとは言い難い。

28 年間にわたって駐留し続けた UNIFIL は，2006 年 7 月 31 日にようやく
その任務を終了する計画であった。しかしこのイスラエル軍の突然の南レバノ
ンへの再度の進行により，その計画は振り出しに戻った形となった。それどこ
ろか当時のレバノンの情勢においては，NATO や EU の欧米軍主導の多国籍
軍を派遣すべきという提案も国際社会から見られた。一方レバノン政府は，非
欧米部隊の存在が平和維持活動としての正当性が増すとして，UNIFIL の強化
を指示した。イスラエルは，逆に UNIFIL の更なる強化のために，欧州部隊
とその他の部隊の別個の司令構造を望んだ[38]。

そして 2006 年 8 月 11 日に採択された国連安全保障理事会決議 1701（2006）
では，イスラエル・ヒズボラ間の即時の停戦を要求すると共に UNIFIL の要
員をそれまでの約 2,000 人から欧州部隊を含めた 15,000 人に大幅増員するとし
た。2006 年末までにフランスから 1,653 名，イタリアから 1,512 名，そしてス
ペインから 1,393 名の軍事要員が UNIFIL に派遣された[39]。

4−6　2006 年以降の「新 UNIFIL」の状況

欧州部隊を含む新たな「新 UNIFIL」に対してレバノン・イスラエル両政府
も国連安全保障理事会決議 1701（2006）に対して協力的な姿勢を示した。新し
い UNIFIL は南レバノンに地域に一定の安定をもたらした。アメリカ・ニュー
ヨークの国連本部における UNIFIL 専用の戦略的軍事班（the Strategic Military
Cell）の設置やレバノンの海岸沿いに海上機動部隊（the Maritime Task Force）
の派遣等 が UNIFIL の任務を積極的に援助している[40]。また欧州部隊を含め
た先進国からの派遣国を擁する UNIFIL は，他のアフリカ等での国連 PKO で
抱えているような軍事設備や後方援助に関する問題も抱えていない[41]。また
UNIFIL の任務は主にパトロールやチェックポイントやオブザベーションポス
トでの配置任務であるが，その活動のおよそ 10％ は，レバノン国軍との協力
体制の下で実施されている。またレバノン国軍の戦術的能力の向上のために

UNIFIL・国軍の共同訓練や研修会等も実施している[42]。

　一方で武装集団による UNIFIL への攻撃は散発的に見られる。たとえば 2007 年 6 月 24 日 6 人のスペイン兵が何者かから攻撃を受け殺害された[43]。

　ヒズボラ軍の南レバノンでの駐留は続き，イスラエルはヒズボラ全体の軍事規模は拡大しておりその武器の一部がレバノンの UNIFIL 活動地域へと密輸されていると主張している。イスラエルは連日のように飛行禁止区域に無人航空機を，そして時折軍用ジェット機を含む航空機を侵入させている。またイスラエル軍は，南レバノンの Ghajar 地区北部やブルーライン（Blue Line）と呼ばれる緩衝地帯を違法占領しており UNIFIL からの再三の警告を受け入れていない。イスラエルとヒズボラは再び戦闘状態への移行にむけて準備をしていると推測される[44]。

4−7　結論：UNIFIL の課題

　UNIFIL は本章で述べたように 1978 年以来様々な苦境に立たされてきた。そして特に設立初期（1978-1982 年）という，国連 PKO の活動の中でも重要な時期においては，国連安全保障理事会決議 425（1978）で採択された UNIFIL の 3 つのマンデートを遂行するには程遠いような状況であった。それは何より国連事務総長が自ら定義した，UNIFIL の任務を効果的に遂行するための 3 つの条件を活動初期から満たしていなかった事が一番顕著な原因であったと言える。すなわち UNIFIL は国連安全保障理事会の常任理事国の中でも，ソ連や中国から賛同を得られなかったばかりでなく，その提唱国のアメリカでさえもその設立に熱狂的ではなく，むしろ同時代に行われてきたエジプト・イスラエル間のキャンプ・デービッド交渉が頓挫しないための応急策として UNIFIL を提唱したのである。また UNIFIL は関係政府や武装集団から十分な協力を得ていたわけではなく，むしろイスラエル PLO の双方は UNIFIL に敵対意識さえ抱いていた。実際に UNIFIL 駐屯地に対する攻撃や UNIFIL 兵士に対する威嚇・敵対行為は後を絶たなかった。一般に国連 PKO の兵士が自己防衛の

みの最小限の武装が可能なことも，彼らが中立な仲介者として関係武装勢力から信頼を得られ，国連という権威ある組織からの派遣者として大きな尊厳を得ているべきだからである。しかし UNIFIL の兵士達は関係政府や武装勢力からそのような信頼も尊厳も勝ち得ていなかった。すなわち UNIFIL は，その任務が要求する最低限度の条件を最初から満たされることなく，すなわちマンデートを遂行する見込みのないところに，敢えて政治的な理由のために即興的に設立されたと結論付けることができよう。すなわち UNIFIL（国連レバノン暫定軍）がその名称を見事に裏切り，「暫定」どころか設立後 40 年近くたった現在でも終了することもなく駐留せざるを得ない理由は，活動上の失敗ではなく外交上あるいは政治上の失敗であると言える。本書で述べた UNEF I などは，政治上の理由（第 3 次中東戦争のための準備）で UNEF I そのものが撤退させられたのに対して，この UNIFIL は国際社会のレバノンに対する政治上の動機付けの低さによっていつまでも撤退できない状況になっているのは皮肉である。

　国連 PKO は国連という権威ある国際組織から派遣された部隊であり，その「関所」を破壊し停戦状況を破棄して敵対する国家や武装集団に攻撃を仕掛けるということは，国際社会から大きな批判を受けるべきであり，国際法上容認できない行為である。しかしイスラエルは，1978 年に南レバノンに侵攻した後に UNIFIL が設立された後も，1982 年（Operation *Peace for Galilee*），1993 年（Operation *Accountability*），1996 年（Operation *Grape of Wrath*），そして2006 年と合計 4 回も国連 PKO を無視するかのような軍事進攻を決行している。2006 年以降は，欧州部隊の投入と常時 10,000 人を超える軍事要員を擁し，「新UNIFIL」は一定の安定をもたらされている。それでもイスラエルの UNIFIL緩衝地帯への侵入やイスラエル戦闘機の飛行禁止区域での飛行等により，イスラエル政府の UNIFIL に対する不信感は明らかである。イスラエルのこのような国連を軽んじる行為に対して国連そのものや政治大国をはじめとする国際社会が更に強い警告をイスラエルに発しない限り UNIFIL の任務は終了しないのではないであろうか。

　UNIFIL は東西冷戦時代から継続展開している伝統的国連 PKO においては

最大規模を誇る。そして中東地域という地政学上重要な地域において UNIFIL は国連 PKO として，その言葉通りに「平和（安定）を維持する」という任務は果たしているようにも思える。しかしそれと同時に UNIFIL の任務をいつかは終了させる「出口戦略」というものを確立していけるような状況を構築していく必要もあろう。

【注】

1) Skogmo B. *UNIFIL: International Peacekeeping in Lebanon, 1978-1988*（Boulder: Lynne Rienner, 1989). p. 69

2) Pogany I. *The Arab League and Peacekeeping in Lebanon*（Aidershot: Avebury, 1987), pp. 54-55

3) United Nations *The Blue Helmet: A Review of United Nations Peace-keeping, Second Edition*（New York: United Nations, 1990), p. 111

4) Erskine E. A. *Mission with UNIFIL*（New York: St. Martin's Press, 1989), pp. 16-17

5) Ghali M. "United Nations Interim Force in Lebanon" in Durch W. J.（ed.）*The Evolution of UN Peacekeeping*（New York: St. Martin's Press, 1993), p.186

6) United Nations *The Blue Helmet: A Review of United Nations Peace-keeping, Second Edition*（New York: United Nations, 1990), p. 115

7) James A. "Painful Peacekeeping: the United Nations in Lebanon 1978-82", *International Journal*, Vol.38, No.4, October 1983, p. 619

8) UN Document S/12845 *Report of the Secretary-General on the United Nations Interim Force in Lebanon for the Period of 19 March to 13 September 1978*, 13 September 1978, para. 27

9) UN Document S/12611 *Report of the Secretary-General on the Implementation of Security Council Resolution 425（1978)*, 19 March 1978

10) UN Document S/13026, 12 January 1979, paras. 27-28

11) UN Document S/13691, 14 December 1979, para. 36

12) Ibid. para. 37

13) Erskin E. A. p. 44

14) UN Document S/15194, 10 June 1982, para. 7

15) UN Document S/13025, 12 January 1979, para. 38

16) Skogmo B. p. 59

17) Weinburger N. J. "Peacekeeping Operations in Lebanon", *The Middle East Journal*, Vol.37, No.3, Summer 1983, p. 353

第 4 章　歴史的に見る UNIFIL の課題　○—— 89

18) United Nations, *The Blue Helmets, Second Edition*, p. 136
19) James A. *Painful Peacekeeping: the United Nations in Lebanon 1978-1982*, p. 618
20) Skogmo B. p. 201
21) Weinberger N. J. p. 345
22) Skogmo B. p. 205
23) James A. *Painful Peacekeeping: the United Nations in Lebanon 1978-1982, p. 618*
24) Skogmo B. p. 9
25) James A. *Peacekeeping in International Politics* (London: Macmillan, 1990), p. 340
26) Ghali M. "United Nations Interim Force in Lebanon", pp. 187-188
27) Skogmo B. p. 350
28) Weinberger N. J. p. 350
29) Heiberg M. "Observations on UN Peace Keeping in Lebanon", Norsk Utenriksppolitisk Institutt, Working Paper No.305, September 1984
30) Mackinlay J. *The Peacekeepers* (London: UNWIN HYMAN, 1989), pp. 61-62
31) Weinberger N. J. p. 344
32) Skogmo B. pp. 177-179
33) United Nations, *The Blue Helmet: A Review of United Nations Peace-keeping, Third Edition* (New York: United Nations, 1996), p. 101
34) Skjelsbaek K. and Ness M. H. "The Predicament of UNIFIL: Report on a Visit to Southern Kebanon and Israel, 1-11 November 1985", Norsk Utenrikspolitisk Working Report NO. 343, December 1985, p. 17
35) UN Document S/17093, 27 February 1985
36) 日本経済新聞 1996 年 5 月 8 日
37) United Nations, *UNIFIL Fact Sheet*, Updated 24 July 2006
38) The Center on International Cooperation, *Annual Review of Global Peace Operation 2007* (Boulder: Lynne Rienner Publishers, 2007), p. 85
39) The Center on International Cooperation, *Annual Review of Global Peace Operation 2013* (Boulder: Lynne Rienner Publishers, 2007), p. 113
40) Ibid. para. 62
41) Ibid. para. 61
42) UN Document S/2015/475 *Report of the Secretary-General on the Implementation of Security Council Resolution 1701*, 25 June 2015, para. 19
43) UN Document S/2007/641 *Report of the Secretary-General on the Implementation of Security Council Resolution 1701*, 30 October 2007, para. 9
44) UN Document S/2015/475 *Report of the Secretary-General on the Implementation of Security Council Resolution 1701*, 25 June 2015, paras. 10-11

第5章
「デュアル・アプローチ（Dual Approach）」としてのUNIFILの課題

5−1　導　入

　本章では，UNIFILがそのマンデートを達成するための2つの活動内容について分析する。その2つの活動内容は「ソフト・アプローチ」と「ハード・アプローチ」であり性格上全く正反対のアプローチである。「ソフト・アプローチ」とは，UNIFILの兵士や将校によって地元の人々のために行われている人道援助活動を指す。通常国連PKOの任務は停戦監視であり，よって人道援助はPKOの核となる活動ではないが，住民に「感情と理性（hearts and minds）」を与えるものであると言われている。UNIFILにおける人道援助は活動初期から行われた伝統的な活動である。国連PKOが任務遂行が困難で手に負えないようなミッションであればあるほど，この人道援助の活動は貴重になってくる。一方で「ハード・アプローチ」は，比較的新しい活動内容で，国連PKOでも先進国，とりわけ欧州の部隊によって構成される強健な特殊部隊のことである。このように重装備で先進的な軍事装備を持つ欧州部隊がUNIFILのような国連PKOに派遣されるのは例外的なことである[1]。

　本章は，南レバノンのPKOであるUNIFILの「ソフト・アプローチ」と「ハード・アプローチ」の2つのアプローチ，いわゆる「デュアル・アプローチ」に焦点を当ててその効果を論じていく。

5-2 UNIFILにおける「ソフト・アプローチ」：
人道援助活動

　UNIFILは，活動地域の住民に対して伝統的に人道援助活動を行っている。
実際に，人道援助活動はUNIFILの設立初期から必要とされていた。ビヨン・
スコグモ（Bjorn Skogmo）によると南レバノンにおける人道援助活動は，1982
年6月6日の第2次イスラエル侵攻から1985年2月から6月までのイスラエ
ルの南レバノンからの撤退までの時代にはさらに重要であった。本書の4章
で述べたようにUNIFILは活動初期においてはそのマンデートの主要の3つ
の柱[2]の部分をほとんど実行していない。このような状況の中で，UNIFILの
駐留の継続を正当化させ，さらに要員間の士気を高めるには，この人道援助
活動は重要であった[3]。1980年代においてUNIFILは，国連パレスチナ難民
救済事業機関（the UN Relief and Works Agency for Palestine Refugees in the Near
East：UNRWA）と国連児童基金（the UN Children's Fund：UNICEF），さらに国
際赤十字委員会（the International Committee of the Red Cross：ICRC）と協力を
しながら地域住民の支援を拡大していった。UNIFILの人道援助は，地域住民
のみならず難民にも拡大していった。例えば，1985年には多くのキリスト教
徒がUNIFILの活動地域に難民として避難をし，そこではシェルターや食料
をUNIFILから供給を受けた。このようなUNIFILへの信頼醸成の効果をも
たらす活動はUNIFILの重要な財産となった[4]。

　1990年代の後半に国際社会の様々な紛争において「保護する責任」の概念
が広く奨励されるようになると，この国連PKOにおける人道援助活動はさら
なる信頼や正当性を勝ち得るようになった。一方で，UNIFILによる人道援助
はいつも成功していたとは限らない。1996年4月それまでイランから支援を
受けていた武装勢力ヒズボラが南レバノンから砲撃を続けてきたその報復と
して，イスラエルは16日間の軍事行動いわゆる「怒りの葡萄作戦」を開始し
た。同年4月18日イスラエル軍は，800人のレバノン避難民を保護していた

クアナ（Qana）地区の UNIFIL フィジー部隊の施設を砲撃し，106 名の避難民が犠牲になった[5]。イスラエル政府は，市民や国連を標的にするのもイスラエルの政策の結果であるがゆえにその犠牲者を出した責任は負わないとした。UNIFIL に与えた損害は，テロリストとレバノン政府が結託した結果であると主張した。UNIFIL はこの被害によって著しく信用性を失った[6]。

　UNIFIL の多くの軍事派遣国は，彼らの任務における人道援助活動の側面を高く評価している。例えば，アイルランド部隊は UNIFIL において人道援助活動に対して一貫して前向きな姿勢を示している典型的な部隊である。イスラエル軍やその同盟軍である南レバノン軍（South Lebanese Army：SLA）とレバノン北部から台頭してきたイスラム抵抗武装グループとの間に駐留していた UNIFIL の抑制された立場にもかかわらず，アイルランド部隊は地域住民に人道援助の提供を継続した。例えば 1989 年 UNIFIL アイルランドの 64 大隊は，事故等で多くの犠牲者を被ったものの多くの人道援助を行ったという記録が残っている。具体的には，ティブニン（Tibnin）病院において燃料を購入するための資金の寄付（1,700 ドル），ブラシット（Brashit）やテューリン（Tulin）等においてのクリニックの設立，クアブリカ（Quabrika）等における破壊されたモスクの修復などであった[7]。2008 年レバノン支援に関する国際会議において，当時のノエル・トレシー（Noel Treacy）文部大臣は，2006 年のイスラエルの侵攻以降，アイルランドは 500 万ユーロに及ぶ 2 か国間の人道・復興援助を行ってきていると言及した[8]。2001 年あるアイルランド大隊の現地人通訳は，アイルランド部隊が地域住民に対する教育面での貢献を指摘した。すなわちアイルランド部隊の活動エリアにおいて部隊の兵士たちが地域の若者に英語で話しかけるようになり，その若者たちは学校で学ぶ機会がないにも関わらず英語を話せるようになった。そのことでアイルランド部隊と地域の人々との関係が向上していったのであった[9]。

　2019 年 8 月筆者による UNIFIL のアイルランド大隊本部での現地調査において，多くのアイルランドの兵士や将校たちが現地での人道援助活動について言及し，彼らの多くはこの人道援助活動こそがレバノンでの彼らの核となる活

第5章　「デュアル・アプローチ（Dual Approach）」としてのUNIFILの課題　○── 93

動の一つであると述べている。インタビューを受けた一人のアイルランド隊の
将校は次のように述べている。すなわち彼が1990年代にはじめてUNIFILの
派遣された時代より，UNIFILの活動は進化しているという。1990年代にお
いてUNIFILの主な任務は，純粋にブルーラインと呼ばれるイスラエルとレ
バノンの国境地域において停戦監視をするだけであった。現在のUNIFILの
活動に関して第1の任務は地域の住民を支援すること，第2の任務はレバノン
国軍を訓練すること，そして第3の任務が停戦監視であるという。この将校
のインタビューの内容は誇大化されていると考えるものの，彼のいうUNIFIL
の進化は，地域住民にとっての平和，とりわけ人道的な活動にUNIFILがよ
り重点を置くようになったことを意味している[10]。

　しかしながらこのことはUNIFILに派兵しているすべての国家の部隊が人道
援助活動を同様な価値でとらえているわけではない。この点に関してチアラ・
ルッファ（Chiara Ruffa）が興味深い調査を行った。彼女はUNIFILでの調査に
おいてフランス部隊とイタリア部隊に注目した。そして両国部隊の活動におけ
る文化とそれがUNIFILにおいての彼らの政策や姿勢にどのように反映する
かについて分析をした。その結果フランス軍の文化はとても慎重で用心深く，
積極的な戦闘姿勢を強調する。一方イタリア軍の文化はより慈悲深く，自分た
ちの活動が効果的でなくとも，自分たちは善良な兵士でありたいと考える。そ
の結果，UNIFILにおいてフランス部隊は，広範囲のパトロールや地元のレバ
ノン軍の訓練指導といった軍事活動を優先した。一方イタリア部隊は，アイル
ランド部隊のように，人道援助活動，例えば住民の生活向上のための開発プロ
ジェクトを構築したり，子供たちに玩具を配布したりするような活動に重きを
置き，フランス部隊ほど頻繁にパトロールはしなかったという[11]。

　2018年バネッサ・ニュービー（Vanessa Newby）は，UNIFILの軍事派遣
国による人道援助活動の詳細を広範囲に扱った新書 *Peacekeeping in South
Lebanon: Credibility and Local Cooperation*（南レバノンにおけるPKO-信用性と
地域協力）を出版した。それによるとほとんどの軍事派遣国（大隊レベル）はそ
の駐留エリアの住民のために内科や歯科に関する医療支援を提供していた。中

には 24 時間体制で無料の病院を設置していた大隊もあった。また大隊の医療スタッフが地域の村落を巡回しながら医療活動をしたり，医療センターを村落に設置したりするところもあった[12]。スペイン隊とインド隊は，UNIFILの東地区（Sector East）内で獣医のサービスを提供した。この獣医の提供は，通常の医療サービスよりも人気があった。羊飼い等の地域の農夫は，この地域には獣医はほとんどおらず，いたとしても治療費が高額であるために，このUNIFILの獣医サービスはとても貴重だと話した。よってニュービーは，UNIFILの獣医サービスは地域の経済環境を向上させ，農夫の市場での商品の製造や販売能力を著しく促進させたと述べた[13]。

　2006 年のイスラエル侵攻後にUNIFILは，クイック・インパクト・プロジェクト（Quick Impact Project：QIP，以下 QIPとする）という新たな人道援助事業を導入した。QIPはUNIFIL本部が年間 50 万ドルの資金を提供する。各国派遣部隊（大隊レベル）は最大 25,000 ドルまでの予算の範囲内で，地元住民の需要に合う目的でそれぞれが事業案を提出する。採用された事業案は多様で，太陽光発電やコンピュータやヨガの講師などもあった[14]。

　一方で，UNIFIL部隊によって施される人道援助活動に関しても課題があった。それは本質的な問題として，人道援助そのものはUNIFILのマンデートに含まれていないということである。たとえ人道援助活動が地域の住民や受け入れ国政府から高い評価や人気を得たとしても，それは厳密にはUNIFILの主要任務に分類されないのである。

　実際に停戦監視やパトロールのような公な職務上の任務と比較しても，人道援助活動の効果は目に見えやすいものであり，よってそれを実行する兵士や将校にとっては報いのある仕事のように思える。2019 年の筆者の現地調査でインタビューしたアイルランド隊の将校たちは，UNIFILの任務はとても人道色の強いものであると高く評価した。ある将校は，PKOの本質は地域住民を保護することであり，PKO要員を保護することではないと断言した。彼は，アイルランド兵士や将校たちはUNIFILに駐留する期間が長くなればなるほど，人道援助活動がアイルランド隊の職務というよりはむしろ個人的に情熱を注ぐ

第5章 「デュアル・アプローチ（Dual Approach）」としてのUNIFILの課題 ○—— 95

任務と感じる傾向にあるという[15)]。事実その将校も実際には通常の職務を優先するが，人道的な活動も個人的な任務としてとらえているという。UNIFILにおいて人道援助活動はQIPにみられるように公な予算を計上するほど重要な活動としてとらえているだけに，今後このような活動の位置づけが変わっていくことも考えられる。

5－3　UNIFIL における「ハード・アプローチ」： 欧州からの強健な特殊部隊

前述したようにUNIFILは，ソフト・アプローチとして地域住民に対して人道援助活動を行い，彼らの日々の安全性や生活向上のために尽力し，それは信頼醸成機能を促進することにも貢献した。一方で対照的にUNIFILは，とりわけ欧州からの高度で特殊な技術やシステムを駆使した強健な取り組み，いわゆる「ハード・アプローチ」も採用している。このようなハード・アプローチは，伝統的な国連PKOでは例外的な取り組みといえよう。そのハード・アプローチの内容は，ニューヨークの国連本部での軍事戦略チーム（Strategic Military Cell：SMC，以下SMCとする），情報機密部署（Intelligence Unit），無人航空機（unmanned aerial vehicle），海上機動部隊（the Maritime Task Force：MTF，以下MTFとする）などである。これらの特殊システムや部隊は主に欧州の国々から提供されている。

実際に国連PKOが東西冷戦時代に国際紛争の解決機能として導入された初期の頃は，欧州諸国そしてカナダやオーストラリアが，国連PKOの主要貢献国であった。要員派遣数から計算した場合，冷戦時代の欧州部隊の国連PKOへの貢献は，全体の41％を占めた。ポスト冷戦期になると欧州諸国は国連PKOから徐々に距離を置くようになり，その代わりにEU主導の平和活動への参加に移行していった。さらに2001年のアメリカ同時多発テロ以降には「テロとの戦い」に参加すべく，NATO主導のアフガニスタンの国際治安支援部隊（ISAF）を増兵させた。

図表 5 - 1 は，1996 年 12 月と 2007 年 1 月の時点での欧州主要 22 か国の国連 PKO 及び ISAF への派兵数を比較したものである。1996 年 1 月はポスト冷戦期における国連 PKO の派遣の一例として考え，2007 年 1 月は 2006 年のイスラエルのレバノン侵攻後に UNIFIL がより重武装のマンデートに変わっていった後の国連 PKO 派遣の一例として考える。それによると 1996 年 12 月の時点で国連 PKO に一定数の兵士を派遣した欧州国家は 22 か国ある。その 22 か国のうち実に 16 か国が 2007 年 1 月の時点で 1996 年時と比較して国連 PKO への派兵数を減らしている。そのような国家の多くは ISAF に多くの要員を派遣している。一方で国連 PKO に派兵数を減少させた 16 か国のほとんどが UNIFIL には一定数の兵士を派遣しているのである。実に上記の 22 か国の 78.5％の国家が国連 PKO の中でも UNIFIL に派兵をしている。つまり欧州国家は国連 PKO に対しての全体のモチベーションは減じていったにもかかわらず，UNIFIL にだけは例外的に積極的に参加していることになる[16]。

2006 年イスラエルとヒズボラの戦争が終了した際に，双方は停戦を確約させるために UNIFIL を増強していくという国連の提案を受け入れた。国連安全保障理事会決議 1701 (2006) は，人体的暴力に対する差し迫った脅威の状況で文民を保護したり，国連職員や人道活動家の安全や行動の自由を保障するために，国連に対して「あらゆる必要な行動」を行う権限を与えた。この「あらゆる必要な行動」というのは国連 PKO の世界では，重武装で戦闘行為もあり得る強健な任務を意味する。イスラエルは，UNIFIL が自国に対するヒズボラの交戦行為を阻止するに十分な軍事能力を持つ「多国籍軍」のようになるべきだと主張した。それゆえイスラエル側がその要求を満たすために欧州部隊の UNIFIL への派遣を主張したのであった。この状況下においてフランスがこの新しい UNIFIL を積極的に主導していく意思を国連に示し，UNIFIL の軍事司令官を輩出する意向を伝えた。国連はこの要求を認める代わりに，国連ニューヨーク本部に UNIFIL 専門の軍事戦略チーム（SMC）を設置した。SMC は，UNIFIL の軍事派遣国の将校たちで構成された軍事戦略組織である。フランスは，新しい UNIFIL に現行の部隊のほかに兵力 1,600 の部隊を提供することを

第5章　「デュアル・アプローチ(Dual Approach)」としてのUNIFILの課題 ○── 97

図表 5 − 1　1996 年 12 月と 2007 年 1 月における
主要欧州国家の国連 PKO と IASF への派遣状況

欧州派遣国	1996年12月	2007年1月		
	UN PKO	UN PKO	UN PKO 派遣先	ISAF
ポーランド	1,097	653 ↓	UNDOF344, UNIFIL319	160
フィンランド	924	218 ↓	UNIFIL 213, UNMIL 3 UNMIS 2	70
オーストリア	867	377 ↓	UNDOF 373, UNFYCIP 4	500
ベルギー	836	361 ↓	UNIFIL 361	300
ルーマニア	787	0 ↓		750
アイルランド	745	492 ↓	UNMIL 331, UNIFIL 161	10
ノルウェー	732	139 ↓	UNIFIL 171, UNMIS 2	350
スロバキア	588	292 ↓	UNFYCIP 196, UNDOF 96	50
フランス	502	1868 ↑	UNIFIL 1,680, UNOCI 185 MINUSTAH 2, UNMIL 1	1,000
ウクライナ	438	300 ↓	UNMIL 300	0
ポルトガル	406	146 ↓	UNIFIL 146	150
イギリス	405	276 ↓	UNFYCIP 276, UNMIL 3 UNMIS 3	5,200
ドイツ	173	930 ↑	UNIFIL 913, UNMIL 12 UNMIS 5	3,000
スウェーデン	168	70 ↓	UNIFIL 68, UNMIS 2	180
デンマーク	125	55 ↓	UNIFIL 48, UNMIS 6 MINURSO 1	400
ハンガリー	102	88 ↓	UNFYCIP 84, UNIFIL 4	180
オランダ	100	174 ↑	UNIFIL 171, UNMIS 3	2,200
ブルガリア	79	0 ↓		100
イタリア	71	2427 ↑	UNIFIL 2427	1,950
チェコ	49	0 ↓		150
スペイン	47	1108 ↑	UNIFIL 1108	550
トルコ	40	526 ↑	UNIFIL 522, UNMIS 4	800

出所：Military Balance 2012, International Institute for Strategic Studies, The
　　Monthly Summary of Troop Contributions to Peacekeeping Operations,
　　as of 31 December 1996 and 31 January 2007.

公表した。2006 年 8 月 EU の外相グループはコフィ・アナン国連事務総長と会談し，UNIFIL の平和維持軍に自らの部隊の提供を申し出た。その結果新たに構築された UNIFIL にフランス，イタリア，スペイン，ベルギー，ポーランド，ドイツ等の欧州部隊が参加した。ドイツは，レバノン領海を監視やパトロールをすることを主な任務とする海上機動部隊（MTF）を主導することとなった。

　欧州部隊は，技術支援部，後方支援部，民軍協力部といった部署を担当した。例えばフランスは戦車や緊急対応部隊（Quick Reaction Force：QRF）におけるレーダー装置を提供した。イタリアは，大規模砲撃に耐えうる装輪装甲車（wheel armored vehicle）を提供した。そして欧州各部隊は，文民のみならず自らの基地を守るに堪えうる戦闘部隊を構成した。アプルバ・バルダライ（Apurba Bardalai）は，この UNIFIL の軍事構造は完全に NATO のそれを基準としていると述べた[17]。

　実際にこの欧州部隊のハード・アプローチは成功している側面も多々あった。例えば，海上任務の MTF は通常の国連 PKO の陸上部隊と並行して任務に当たる初めての試みであった。MTF が地中海沖を操縦する総領域はおよそ 5,000 平方マイルであり，UNIFIL 部隊が停戦を管理する 300 平方マイル比べると広大である。MTF は，イスラエルがそれまでレバノン国籍の船舶の出入港を禁止していたことを終了させることができた。MTF が動員されたことによってドイツ兵はかえってイスラエル海軍との関係が向上した。MTF の任務にあたってドイツ部隊は高い職業意識による自警行為を示した結果，イスラエル空軍の MTF での活動領域における領空侵犯の頻度が減少していった。またドイツは自国のブレーメン市警察より 2 層の船舶をレバノンに提供し，その結果レバノン海軍の軍事力が向上した。ドイツはまたレバノンと the Coastal Radar Organization（CRO，以下 CRO と）と呼ばれるプロジェクトを支援すべく 2 国間協定を締約した。CRO は，レバノン沖に設置された 7 つのレーダー装置のことであり，このレーダー装置によりレバノン当局が領海において不審な船舶を探知し警告を発することが可能になった。MTF におけるドイツの主

第 5 章 「デュアル・アプローチ(Dual Approach)」としての UNIFIL の課題 ○── 99

導的な役割は顕著であり，ドイツは今後の国連 PKO においても同等な役割を果たす潜在性を示した。2019 年 7 月国連事務総長も安全保障理事会への報告において，MTF に対して高い評価を記している[18]。

　欧州諸国の見地からは最新の技術と重装備をともなって UNIFIL に参加することは各国の国益に沿うものと考えられる。多くの欧州諸国はアフガニスタンの ISAF に参加した。2014 年 ISAF が終了した際に，欧州諸国は次の平和活動への参加を模索した。そのことによって彼らが NATO 主導の ISAF に供給した高い軍事装備，技術，さらにノウハウや士気等を維持することができるからである。アイルランドのゴールウェイ大学のレイ・マーフィー(Ray Murphy)教授は，新しい UNIFIL は過度な軍事主義的なアプローチをとり非生産的なことがあったにせよ，多くの派遣国はその軍事的任務によってその活動効果を促進させることができたという[19]。

　一方で，このような欧州諸国や NATO 加盟国による UNIFIL でのハードアプローチはいくつかの懸念材料があることは広く認識されていることである。例えば，国連 PKO の熱狂的な支持者でもあるリサ・ハワード(Lise Howard)教授は，2006 年に西側諸国の部隊が UNIFIL に大量に流入したことによって，南レバノンの安全が確保されたようであると述べた。しかしハワード教授は，UNIFIL における NATO 加盟国主導による戦闘モードの活動に対して批判的であった。すなわちハワード教授にとってこのアプローチは負の側面以上の効果を出しているわけではないとした。2007 年に 6 人のスペイン兵が，主にヒズボラに殺害された事件も UNIFIL の戦闘的な姿勢に反対する風潮を象徴しているという。同教授は，欧州部隊は高圧的であり，攻撃的であり，非友好的であると言う。さらに彼らが高スピードで戦車や他の重装備車両でパトロールしているところは，地域住民にとって，とても攻撃的で脅威に感じるようであると述べている[20]。

　NATO 加盟国は，自分たちの軍事的な哲学を UNIFIL に「輸出」していると意識している傾向がある。前述のバルダライは，このような国々から派遣された兵士は，よく訓練されており軍事装備も立派ではあるが，全ての PKO の

活動を軍事的な角度から見る傾向にあり，物事を白と黒のように明確に区別する傾向にあるという。そして欧州部隊の要員は，非欧州の部隊から必ずしも積極的に受け入れられているわけではない。バルダライは，UNIFIL では多様な民族性，宗教的信仰，伝統，文化の違いにもかかわらず，非西洋諸国の部隊の間では共通した価値観があった。例えば，事前の招待や情報がなくとも別の部隊から食事に招待されることは，非西洋諸国であればごく普通の事ととらえた。このようなことはレバノン社会でも前向きに容認されるが，西洋諸国では強引で横柄な行為と感じられる傾向があるという [21]。

5-4 結 論

　本章では UNIFIL の2つの全く対照的な対応の仕方，すなわち人道援助活動を主旨とした「ソフト・アプローチ」，そして特殊部隊・特殊技術・重武装を備えた「ハード・アプローチ」に焦点を当てた。UNIFIL における人道援助活動は，伝統的に良好な記録や実績が残されている。人道援助活動は，そもそも国連 PKO よりはむしろ他の国連機関や NGO などが積極的に行うべきものである。そのような UNIFIL 外での人道援助も実施されているが，UNIFILは QIP のように公式の人道援助活動もあり，他の国連 PKO と比較しても人道援助活動に対する積極的な姿勢が見られる。そしてその成果も明らかであり，南レバノンの生活水準も向上しているところも各所に見受けられる。この UNFIL の人道援助活動を継続することに異論はない。UNIFIL の本来の主要任務である南レバノンにおける平和の維持や停戦監視等の実績が芳しくないことも考慮すると，UNIFIL の各国部隊の者たちが「目に見える効果」としての人道援助の活動に働き甲斐のような価値を感じている。しかしこの活動はUNIFIL のマンデートに含まれている活動ではなく，あくまでの UNIFIL の部隊はそのマンデートの実行に一義を置くことを再確認すべきであろう。

　一方で「ハード・アプローチ」としての UNIFIL の新しい強健な姿勢は欧州部隊の参加もあり，大きな効果もあげている。とくにドイツ主導の MTF に関

第5章 「デュアル・アプローチ (Dual Approach)」としてのUNIFILの課題 ○── 101

しては海上における平和維持に大いに貢献している。2006 年イスラエルはヒ
ズボラへ大規模な侵攻をし，さらには本書の執筆中の 2024 年には再度イスラ
エルがヒズボラの軍事基地に大規模な攻撃をしており，その間で任務を行って
いる UNIFIL はこれからもこの「ハード・アプローチ」を必要とするであろう。
UNIFIL という国連 PKO が NATO 主導の強健で重武装に変貌することに違
和感を持つ議論は否めない。しかしその重武装の UNIFIL でさえイスラエル
の決死の思いの中での侵攻や砲撃を防ぐことはできない。このような状況の中
で敢えて UNIFIL の軍事力を下げることは現実的ではない。今後は南レバノ
ンにおける平和維持や平和創造の活動が今後も UNIFIL という国連 PKO で行
っていくのか，あるいはそれ以外の枠組みで，より強健な任務になっていくの
かが検討されるべき課題であろう。

【注】

1) A. K. Bardalai "UNIFIL: The Many Challenges of Successful Peacekeeping",
Journal of Defence Studies, Vol.10, No.3, July-September 2016, pp. 67-68

2) 安全保障理事会 425（1978）における UNFIL のマンデートの 3 つの柱とは以下の
通りである。
　　1）イスラエル軍の南レバノンからの撤退を監視する
　　2）南レバノンの安全保障を回復させる
　　3）レバノン政府の南レバノンにおける実行力のある権威の回復を援助する

3) Bjorn Skogmo *UNIFIL: International Peacekeeping in Lebanon, 1978-1988*
（Boulder: Lynne Rienner, 1989）, p. 91

4) Ibid. p. 94

5) Cpat. David R. Williams "A most painful lesson: The 1996 Shelling of Qana, why
it matters today" https://www.army.mil/article/166556/a_most_painful_lesson_
the_1996_shelling_of_qana_why_it_matters_today. Accessed on 24 August 2020

6) UN Document S/1996/337, *Israel' Shelling of UNIFIL*, 7 May 1996

7) "Irish Peacekeeping in the United Nations Interim Force in Lebanon（UNIFIL): A
Historical, Political, and Socio-Cultural Study", *UN in the Arab World*, Issam Fares
Institute for Public Policy and International Affairs, Research Study, June 2013,
p. 17

8) Ibid. p. 18

9) Comdt. Brendan O'Shea（ed.）*In the Service of Peace: Memories of Lebanon*

(Dublin: Mercier Press, 2001), p. 133

10) Interview with an Irish officer, Irish Battalion Headquarters, UNIFIL, 26 August 2019

11) Chiara Ruffa, "Military Cultures and Force Employment in Peace Operations", *Security Studies*, Vol.26, No.3, 2017, p. 393

12) Vanessa Newby *Peacekeeping in South Lebanon: Credibility and Local Cooperation* (Syracuse: Syracuse University Press, 2018), p. 142

13) Ibid. p. 143

14) Ibid. pp. 145-146

15) Interview with the Irish officers, the Irish Headquarters, UNIFIL, 23-26 August 2019

16) Katsumi Ishizuka "History of Europeans' Participation in UN Peace Operations: Should the European State Go back to UN Peacekeeping?" a presentation paper, Annual Meeting of Academic Council on the United Nations System (ACUNS), The Hague, the Netherlands, 11-13 June, 2015

17) Apurba Bardalai "UNIFIL: The Many Challenges of Successful Peacekeeping", *Journal of Defence Studies*, Vol.10, No.3, July-September 2016, pp. 69-70

18) Karim Makdisi, Timur Goksel, Hans Bastian Hauck and Stuart Reigeluth, "UNIFILII: Emerging and Evolving European Engagement in Lebanon and the Middle East, EuroMesco Paper, January 2019, pp. 28-32

19) Ray Murphy "Peacekeeping in Lebanon and Civilian Protection", *Journal of Conflict & Security Law*, Vol.12, No.3, 2012, p. 393

20) Lise Morje Howard, *Power in Peacekeeping* (Cambridge: Cambridge University Press, 2019), pp. 110-127

21) Apurba Bardalai "UNIFIL: The Many Challenges of Successful Peacekeeping", pp. 73-74

第6章
武装勢力ヒズボラ（Hizbollah）と
UNIFILの課題

6-1 導 入

　UNIFIL（国連レバノン暫定軍）は，その「暫定軍」という名にも拘らずレバノンに40年以上も駐留している。その40年以上という駐留期間を経過してもその任務を終了することはできないという事実にUNIFILには根本的な課題が残されていることが認識される。UNIFILが「暫定軍」で終了できなかった大きな理由の一つに南レバノンの武装組織であるヒズボラ（Hizbollah）の存在がある。言い換えればUNIFILの任務を語る際にヒズボラ抜きには語れないということである。2000年にイスラエル軍がレバノンから一方的に撤退した際に，そのレバノンの政治的および軍事的な「空白」を埋めていったのがヒズボラであった。ここで問題なのは，ヒズボラはレバノンの公な国軍ではなくイスラム教シーア派の武装組織であり，歴史的にはイスラエルや西側諸国の人々を標的にしたテロ攻撃を行った不名誉な経歴があることである。ヒズボラは南レバノンのUNIFILの駐留地域である，いわゆる「ブルーライン（Blue Line）」とリタニ川の間の地域に滞在している。

　本章はヒズボラに焦点を当ててUNIFILにどのように影響を与えているかについて論じていく。本章の冒頭部分はヒズボラの歴史について紹介する。ヒズボラはかつてはテロリスト集団であったという歴史を有するにもかかわらず，国内の一般市民の間では人気や支持を得ており，現在国内の議会や政府内

でも代表議員を送ることによって一定の地位を得ている。次に本章ではヒズボラの武装解除について取り上げる。実際にヒズボラの武装解除を要求する法的枠組みは複数に渡る。それにもかかわらずその試みは成功していない。このことはUNIFILの活動に影響を与える。最後に本章は，南レバノンにおけるUNIFILスタッフとヒズボラさらには地域住民との関係に焦点を当てる。ここではUNIFIL兵士がヒズボラ寄りの地域住民との良好な関係を構築するのがいかに困難であるかを述べている。

　結論において本章は，ヒズボラの駐留によってUNIFILが「暫定軍」になることができないという課題に対する解決策を述べていきたい。

6-2　レバノンにおけるヒズボラ

　ヒズボラはイランから支援を受けている革命的抵抗集団であり[1]，1982年レバノンにて設立された。その形成の目的は，イスラム革命のメッセージを広めるイランの組織的活動を実現させていくことである。ヒズボラは中東においてイスラエルや西側諸国と敵対する。ヒズボラはアメリカをはじめとする多くの国家から「テロリスト集団」と指定されている[2]。1985年ヒズボラは初めて声明を発表し，レバノンから西洋の影響を排除すると誓約した。そしてイスラエルの破壊とイランへの忠誠を誓った。軍事的には世界で最も強力な軍事装備を所持する非国家組織であると言われている[3]。ヒズボラは海外のイスラエル関連施設にもテロリスト攻撃を行っている[4]。ヒズボラのテロ攻撃の中にはとても巧みに実行され，長年その攻撃は単なる「ガス漏れ」が原因とされていたものもあった[5]。ヒズボラはレバノン国内のみならず海外にも何万人もの支持者が存在する。2013年のシリアの内戦の際，ヒズボラはアサド政権を支援するために，イラン軍やロシア軍と共に70,000人もの戦士を派兵した。

　ヒズボラは現在，軍事のみならず政治団体としての地位を維持している。1992年レバノンで1972年以来最初の国政選挙が実施された。その際にヒズボラは初めて選挙に参加し，128の総議席の中で8議席を獲得した。2006年2月

第6章　武装勢力ヒズボラ（Hizbollah）と UNIFIL の課題　○── 105

ヒズボラは，自由愛国運動（the Free Patriotic Movement：FMP）と政治的同盟関係を築いた。

レバノンには2つの政治連合グループがある。一つは「3月14日グループ（March 14 Group）」という。主にイスラム教スンニ派，同教ドルーズ派，キリスト教徒から構成され，2005年3月14日にレバノンのラフィーク・ハリリ（Rafic Hariri）前首相が暗殺された後に結成された。このグループは2005年5月の議会選挙の際に全128議席中72議席を獲得した。もう一つの連合グループは，ヒズボラやアマル（Amal）を含めたイスラム教シーア派にキリスト教コミュニティーも加えたグループで「3月8日グループ（March 8 Group）」と呼ばれている[6]。2008年ヒズボラとその連合は30の内閣の総議席のうち11の議席を獲得した。翌年ヒズボラは議会の10議席を獲得し，March 8 グループは58議席を獲得した。一方で敵対する March 14 グループは71議席を獲得した[7]。2018年議会選挙ではヒズボラは128議席中13議席，そしてかつてのヒズボラのライバルであり現在が同盟の間柄であるアマルは10議席を獲得した。このようにヒズボラは徐々に政治的力を拡大している。特に UNIFIL の駐留地域ではヒズボラとその同盟団体が全投票の70%を獲得している。

特筆すべきことに，ヒズボラの南レバノンへの社会的および人道的な貢献は，自らのアイデンティティーを高めるだけでなくレバノン国家への支援をするうえで重要な役割を果たしている。例えばヒズボラは，2006年のイスラエルのレバノン侵攻後に破壊されたレバノン内の建物の修復等に3億ドルを費やした。またヒズボラはレバノンのあらゆる階層への教育支援にも貢献している。小学校レベルでは，ヒズボラのイスラム教育協会は，イスラム教の救世主の名前にちなんだマフディー学校（the Mahdi schools）を設立した。現在約14,000人の生徒がマフディー学校に通っており，生徒たちはカリキュラムにおいての核となる科目とヒズボラのイデオロギーを学んでいる。ヒズボラはまたマフディー・スカウト（the Mahdi Scouts）と呼ばれるボーイスカウトも設立した。そこでは約60,000人の若者が参加し，屋外のレクリエーションや教育プログラム，さらには宗教やイデオロギーに関する教育プログラムも提供されて

いる。ヒズボラは若者をターゲットにしたマフディー（*Mahdi*）という名の雑誌も発行しており，そこでは殉職したヒズボラ戦士やイスラエルに対しての自爆テロや他の攻撃についての漫画を掲載している[8]。

一方でヒズボラの南レバノンでの経済的支援や経済効果については意見が分かれるところである。レバノン南部は，同国の他の地域と比較しても経済的には恵まれていない地域であり貧困層も多い。特にこの地域の多数派であるイスラム教シーア派の人々は，貧困に苦しんでいるものも多い。一方対照的にベイルートの裕福層はこの地域に豪華な別荘を建築しているものも多い[9]。よって現地においてヒズボラに雇用された戦士たちは月収300〜700ドルを彼らの生活費として依存している[10]。ヒズボラは住民の個人レベルにおいては大きな経済的支えとなっているが，社会全体のマクロのレベルにおいては必ずしも良い影響を及ぼしていない。ヒズボラが，シリア，イエメン，そしてイラクでの内戦に関与し，さらにイスラエルとの戦争の可能性も常に秘めていることによってレバノンが恒久的な戦争状況におかれている。このような状況の中で外国資本がレバノン国内の経済に直接投資する機会が減じているのである[11]。

6-3　ヒズボラの武装解除の問題

このようにヒズボラは，自分たちはレバノン国内の安全保障，政治的身分，そして社会や経済面の貢献においても重要な役割を果たしていると主張している。しかしながらレバノンにおける公認の国軍は，レバノン陸軍（the Lebanese Armed Forces：LAF，以下 LAF とする）である。LAF は財政面ではアメリカから支援を受けており，UNIFIL は LAF に PKO のトレーニングプログラムを提供している。何よりもヒズボラに関しては，レバノン国内外においてテロ犯罪を繰り返している事実，そして 1993 年，1996 年，そして 2006 年とイスラエルと大規模な戦争を行いそれによってレバノン国内が多くの損害を受けている事実を鑑み，国際社会ではヒズボラは武装解除されるべきだという主張が一般的である。

第6章　武装勢力ヒズボラ（Hizbollah）と UNIFIL の課題 ○―― 107

　実際にヒズボラの武装解除に関する課題に関しては，5つの国際条約や国連決議が発表されている。その代表的なものにターイフ条約（the Ta'if Agreement）があげられる。この条約は 1989 年 9 月にサウジアラビアのターイフで交渉され，そして同年 11 月にレバノン議会で承認された。この条約はレバノンにおける内戦を終了させ，イスラエルによって占領された南レバノンにおけるレバノン政府の主権を再認識するものである。そのためには内戦の終了だけでなく，レバノンにおける政治改革やシリアのレバノンからの完全な撤退を開始する法的な枠組みをこの条約によって明確にした。この条約は多くの政治的権限を大統領から，イスラム教徒とキリスト教徒の間で権限を平等に分割した内閣に委譲させた[12]。この条約はシリア軍の撤退に関しては時間枠を設けたが，実際のシリア軍の撤退は 2005 年まで実施されなかった。

　ターイフ条約はすべてのレバノン国内外の民兵の武装解除を要求した。しかしヒズボラだけが南レバノンで継続した武装が許可された。例外的にヒズボラだけがイスラムの抵抗組織としてイスラエルの占領を終了させるために献身的になることが期待された。当時イスラエルの占領がレバノンの国家としての回復において大きな妨げになっており，ヒズボラはイスラエルの撤退を実現させるための重要な軍事組織としてレバノン国内で支持をされていたのである[13]。

　ヒズボラは，レバノンにイスラエル軍が占領していた 1982 年から 2000 年の 18 年間にわたりイスラエルを攻撃し続けていた。とりわけ 1996 年 4 月イスラエルはヒズボラに対する 16 日間の大規模な攻撃，いわゆる「怒りの葡萄作戦（the Grapes of Wrath operation）」を実行した。この作戦は，その直前にヒズボラがレバノンに駐留していたイスラエル兵を攻撃し，イスラエル領土内にもロケット弾を発射させるなどの挑発行為に対するイスラエルの報復であった。その 4 年後の 2000 年 5 月イスラエルはついにレバノンから撤退した。2001 年 10 月スペインのマドリードで中東和平交渉が開始された。この交渉ではヒズボラのイスラエルとの戦闘行為の停止が要求され，これによってヒズボラがレバノンに存在する正当性の一つを失ったことになった[14]。2004 年国連安全保障理事会は，決議 1559（2004）を採択した。これがヒズボラの武装解除に関する 2

つ目の国際条約である。決議 1559（2004）はレバノン国内の全ての外国人部隊のレバノンからの撤退と，国内すべての民兵の武装解除を要求した。

2006 年 4 月 18 日コフィ・アナン（Kofi Annan）事務総長は決議 1559 の履行状況に関する報告書を安全保障理事会に提出した。その報告書は，レバノンは依然不安定で脆弱な状況であるとした。そこで安全保障理事会は，2006 年新たに決議 1680（2006）を採択した。これがヒズボラの武装解除に関する 3 つ目の国際条約である。決議 1680（2006）は，決議 1559（2004）で要求したレバノン国内すべての民兵の武装解除が履行されていないことに遺憾の意を表し，改めて決議 1559（2004）の決定事項の履行の要求を繰り返した。

2006 年 7 月にレバノンにおいて 34 日間に及ぶ大規模な戦闘がイスラエルとヒズボラの間で再度繰り返された。この戦闘期間中にヒズボラは約 4,300 発のロケット弾をイスラエルを標的に発射させ，39 名のイスラエル市民と 120 名の兵士が犠牲になった。イスラエルは，ヒズボラの軍隊組織とレバノンのインフラ社会構造をも標的に攻撃した。その結果 1,200 名の市民が亡くなり，約 100 万人のレバノン市民が国内外に避難した。この緊急事態に対処すべく国連安全保障理事会は，決議 1701 を採択した。これがヒズボラの武装解除が関係する 4 つ目の国際条約である。国連 PKO に関していえば，この決議 1701（2006）によって UNIFIL は多くの欧州部隊が導入され，さらに強化され重武装になった。この決議はリタニ川から南側の地域におけるヒズボラの駐留を制限し，南レバノンにおけるレバノン国軍の影響力を高めた。また決議はレバノン政府の同意なしに武器を所持させないことを要求した。

ヒズボラの武装解除に関する 5 つ目の国際条約（国内の要素が強い）は，2012 年の Baabda 宣言（Baabda Declaration）である。この宣言における協定書は 2012 年 6 月 11 日にレバノンの国家対話委員会（the National Dialogue Committee）で発せられた。この協定はシリア内戦時にレバノン国内の多様な政治団体から発せられ，これによってレバノンはシリア内戦に関与せず，1989 年のターイフ条約や 2006 年の決議 1701（2006）の内容を改めて尊重するとした[15]。

第6章　武装勢力ヒズボラ（Hizbollah）と UNIFIL の課題 ○── 109

　以上のようにヒズボラの武装解除に関連しては，5 つの国際条約が論議された。その中で 1989 年のターイフ条約と 2006 年の安全保障理事会決議 1701 （2006）はレバノンの平和交渉プロセスの中では重要なものであった。しかしその 2 つの国際的な枠組みにおいてもヒズボラに関しては融和的な対応を示し，南レバノンでのヒズボラの駐留を実質黙認した形となった。

　実際にヒズボラは，レバノンにおいてイスラエルの攻撃に対しての「保護者」として認識されつつある中で，レバノン国民や政治家はヒズボラを正当な抵抗組織と承認している。2006 年 7 月のイスラエルとヒズボラの戦争時にレバノンのエミール・ラフード（Emile Lahoud）大統領はヒズボラをイスラエルに対しての自由戦士であると称えた。2009 年 7 月国内政治家ミシェル・アウン（Michel Aoun）も，ヒズボラの負の根拠が存在しなくなった現在においてヒズボラの武力はもはや何の問題もないと述べた。2009 年 11 月レバノン議会は，ヒズボラの器の保持を合法化した。そして 2016 年 10 月アウン大統領はヒズボラと連立与党を結成した最初の大統領となった [16]。

　上記のようなレバノン国内での融和的な政策にも関わらず，国連内ではヒズボラに対して厳しい姿勢を貫いている。2019 年 4 月国連のアントニオ・グテーレス（Antonio Guterres）事務総長は，ヒズボラの大量の武器の所持に関して警告的見解を述べた。彼はレバノン政府とその国軍に対して，ヒズボラの武器の所有をやめさせ，ヒズボラを国内の単なる市民政党にさせるようあらゆる手段を講じるよう要求した [17]。しかしながらグテーレス事務総長は，現実的にレバノンは国家としてヒズボラの武器の保持を制御できないことも認識していた [18]。同事務総長は，2019 年 11 月ヒズボラが UNIFIL に対して挑発的な姿勢を継続していると警告を発した [19]。

　以上のように，ヒズボラの武装解除に関して国際社会においては複数の法的枠組みがあり，国連事務総長もレバノン政府にその武装解除を要請しているものの，その実現は困難である。その理由としてまずあげられるのは，国際社会のその課題に対する政治的意思の欠如である。その結果上記に述べた国際条約等が機能不全になっている。また別の理由としてはレバノンの国軍が脆弱であ

るために，レバノン政府やレバノン市民が実質上ヒズボラの軍事力に依存せざるを得ないこともあげられる。さらにレバノン国境沿いの南レバノンにおいてイスラム教シーア派の人々は，その地域の安全保障をヒズボラに多くを依存しており，その結果ヒズボラの駐留を支持している。しかしそのような状況は，同様に南レバノンで展開している UNIFIL の基本的な活動方針や政策とは相容れない状況となっている。

6-4　南レバノンにおけるヒズボラと UNIFIL の関係

　上述したように，安全保障理事会決議 1701（2006）は，UNIFIL を強化しただけでなく，リタニ川から南側の地域におけるヒズボラの駐留を制限し，レバノン政府の同意なしに武器を所持させないことを要求した[20]。しかし2017 年 2 月 14 日付の国際紙のインターナショナル・ヘラルド・トリビューン（*International Herald Tribune*）は，決議 1701（2006）が採択されてから今日まで国連や UNIFIL はヒズボラを武装解除する責任を放棄していると酷評した[21]。それに対してコフィ・アナン国連事務総長は，ヒズボラの武装解除は国連の直接のマンデートではなく，国連はレバノン政府にヒズボラの武装解除を支援する事しかできないと応答した[22]。

　一方で，ヒズボラは UNIFIL の活動地域であるリタニ川の南岸，いわゆるイスラエルとの国境付近における武装解除には同意をした。2006 年レバノン首相の上級アドバイザーのモハマド・チャタ（Mohamad Chatah）は，ヒズボラに所属している個人は南レバノンに住んでいるのでその村を去ることはできないが，武装されたヒズボラの組織はもはや南レバノンには存在しないと述べた[23]。よって現在の UNIFIL の駐留地域には武装したヒズボラの兵士を見ることはない。彼らは公にはリタニ川北岸に駐留している。しかし現実にはヒズボラは南レバノンでは文民の服を着て軍事活動を行っているのである。しかしUNIFIL の活動地域でヒズボラが軍事活動をすることは，彼らが軍服を着ていようが一般服を着ていようが，決議 1701（2006）の違反になることは言うまで

第6章　武装勢力ヒズボラ（Hizbollah）と UNIFIL の課題 ○── 111

もない。

　現実には 2005 年のイスラエルのレバノン撤退，とりわけ 2006 年のイスラエルとヒズボラの戦争の終了以降，レバノンにおけるヒズボラの軍事力は以前ほど熱狂的に支持されているわけではない。それ以降ヒズボラの武器をレバノン国軍に譲渡すべきという政治的圧力は，国内外からも増加している。しかしヒズボラは，レバノン国軍がイスラエルに対峙するにふさわしい信頼を得ているわけではなく，よってヒズボラがイスラエルとの戦争に勝てる唯一の軍隊であると主張している。ヒズボラは，もし自分たちが武器を譲渡したらその武器を敵対する「3 月 14 日グループ」が使用してしまうかもしれないという不信感も募らせている [24]。

　ヒズボラは UNIFIL が必要以上にヒズボラの平時の活動に干渉しないかぎり，UNIFIL の駐留を受け入れている。ヒズボラはまた UNIFIL の日々の活動を妨害することもなく，そのような意味において決議 1701（2006）を受け入れていると考える [25]。それにもかかわらずアサフ・オリオン（Assaf Orion）は，自身の論文の中で，実際に UNIFIL の兵士が地域住民や平服を着て文民を装っているヒズボラの戦闘員からいかに弱い立場に置かれているかを述べている。例えば，UNIFIL の兵士が地域をパトロールしている際に，彼らは私有地あるいは公用地への侵入を拒否されたというケースは多々あるという。地域の住民が UNIFIL の侵入を拒絶する理由としては，その場所が宗教的に重要な場所であるから，その道が狭すぎるのでパトロールにふさわしくないから等である。また彼らの中には，UNIFIL はブルーライン周辺のみをパトロールをするべきであり，村落地域に関してはレバノン国軍がパトロールをすべきであると主張する者もいる [26]。

　南レバノンの地域の住民は，UNIFIL のスタッフがパトロール中に写真撮影をすることを好まない。中には立腹した村民が，カメラ，地図，書類，その他の軍事装備を UNIFIL スタッフから奪い取ることもある。ついに 2019 年UNIFIL は写真撮影禁止という地域からの要望を受け入れた。上記のパトロールを拒絶する要望も含めて，これらの一連の住民の行為によって，ヒズボラの

軍事装備やその資産等が南レバノンの私有地に隠されているのではないかと推測される。2017年イスラエル陸軍のガディ・アイセンコット（Gadi Eisenkot）参謀長は，南レバノンの240の村落にヒズボラは存在し，市街地の3，4軒に1軒は戦闘員が存在するか，あるいは武器が所有されていると述べている[27]。その結果UNIFILは地域の事件や事故等の情報や状況証拠を収集することが困難になっている[28]。前述したオリオンは，ヒズボラが指示した「南レバノンのルール」にUNIFILが従っている限りにおいてのみUNIFILの存在が容認されていると結論付けている[29]。

レバノン国軍は南レバノンの平和維持活動の能力を向上すべく，UNIFILと共同で訓練を行っている。しかし前者は後者に対して協力的ではないところも見受けられる。ラン・ポラット（Ran Porat）は，自身の論文の中で，レバノン国軍はパトロール任務を行っている際にUNIFILスタッフを裏切る行為もするという。例えばUNIFILのパトロールを手助けせずに傍観したり，さらにパトロールの妨害もすることもある。時折UNIFILからレバノン国軍に伝えられた情報がヒズボラに渡ることもあった[30]。ポラットはまた決議1701（2006）に従いレバノン国軍がヒズボラを武装解除させることは現実的ではないという。なぜならイスラム教シーア派のヒズボラは政治的影響力があるために，レバノン国軍はヒズボラと対立することを好まないからである[31]。

南レバノンにおける多くの村民は，ヒズボラの熱狂的な支持者である。よって彼らの中にはUNIFILによって支援された開発プロジェクトの参加に消極的なものもいる。UNIFILの支援プロジェクトに参加しないことによって，地域住民は抵抗団体とみなしているヒズボラを武装解除するというUNIFILの目的に異を唱えているからである。またスーザン・カッセン（Susann Kassen）も自身の論文の中で，南レバノンの人々はUNIFILが出資している「クイック・インパクト・プロジェクト（Quick Impact Projects：QIPs，以下QIPsとする）の参加に消極的であるという。QIPsは地方自治体と行う小規模かつ短期間の開発プロジェクトである。しかしカッセンはQIPsが南レバノンにおいては，西側社会に誘導された政治的色彩の強い活動であると述べている[32]。カッセン

第6章 武装勢力ヒズボラ (Hizbollah) と UNIFIL の課題 ○── 113

は，UNIFIL は QIPs を非営利で「草の根」組織やアマルやヒズボラとは政治的に関わらない個人と活動を積極的に勧めていると分析する。つまり QIPs は UNIFIL のヒズボラに対する武装解除計画に大いに関連している。つまり草の根支援としての QIPs は軍事目的と直接関係し，とりわけフランス，スペイン，イタリアの UNIFIL 派兵国の安全保障上の利害関係と大いに関わってくるのである[33]。

よって南レバノンのケイア (Kheir) 村の副村長は，村当局は UNIFIL が主催する QIPs のイベントにわずかなスタッフしか派遣せず，その理由は UNIFIL がその村との関係を強化することを奨励しないからであるという。地域の中に QIPs への積極的な関与に関心を示さない感情が存在するのは明らかである[34]。村民は UNIFIL が親西洋主義，親イスラエル主義をとることに脅威を感じ，それが UNIFIL の活動の影響や正当性を制限していることとなる。

このように南レバノンの人々の多くは，UNIFIL よりもむしろヒズボラの方を歓迎しており，地域への援助活動を巡っては UNIFIL とヒズボラ間で競争意識が生じているが，UNIFIL は地域の人々から距離を置かれている傾向にある。

6－5　結論：課題の解決策はあるのか

ヒズボラは，革命抵抗組織として台頭したが徐々に南レバノン社会に深く根付き，地域の安全保障，社会そして経済発展に貢献している。ヒズボラは現在政治面でも議会や内閣に多くの議席を獲得している。しかしヒズボラのテロリスト集団という地位は一貫しており国際安全保障体制を脅かしている。ヒズボラが南レバノンに動員されている限り，イスラエルはヒズボラの軍事的脅威に対して挑戦し続け，それは双方間でさらなる戦争を引き起こすであろう。本章ではヒズボラの武装解除の関する複数の国際条約や国連決議について触れたが，それらはどれも効果的なものではなかったと結論付けることができる。そればかりかヒズボラは UNIFIL にとって「迷惑な存在」になっている。ヒズ

ボラは地域の住民と「慣れ合い」の関係を享受し，彼らと共謀している印象も受ける。住民たちはヒズボラの大量な武器を隠すことに協力し，UNIFIL がパトロールの一環として私有地に侵入するのを妨害している。そのような振る舞いは明らかに UNIFIL の活動効果に負の影響を与え，イスラエルとのさらなる紛争のリスクを加速させている。

　このような課題に対して何か解決策はあるのであろうか。どのようにヒズボラの南レバノンにおける影響力を減じて UNIFIL の役割を増大させることができるであろうか。この課題に対する明快な解決策や万能薬は存在しないが，以下の 4 つのシナリオが提案される。

　まず第一の提案は，レバノン国軍が軍事装備やその訓練を向上させ，ヒズボラに取って代わるべく軍事能力を向上させることである。そのためにも国連やアメリカのような大国がさらにこの提案に注目すべきである。アメリカはレバノン国軍とヒズボラは実質区別がつかず，よってレバノン国軍に対する財政援助を打ち切る兆候を示している。レバノン政府もヒズボラを正規の政治団体として容認しても，軍事的なテロリスト集団としての活動は容認しないといったような明確な線引きが要求される。また政府はレバノン国軍にヒズボラとの協力体制を打ち切ることを要求すべきである。そうすることによって大国はレバノン国軍に対して財政的，そして軍事的支援を継続することができるであろう。

　第二の提案は，UNIFIL が現状の重装備で強健な軍事能力を継続すること，もしくはその能力を向上させることである。2006 年のイスラエルとヒズボラの戦闘以来，UNIFIL は 10,000 名以上の要員を擁する大型の国連 PKO に変貌を遂げ，海上機動部隊（Maritime Task Force）等の特殊部隊を含めた数千名の欧州部隊も参加している。この新しい UNIFIL はイスラエル・ヒズボラ間の大規模戦争を抑止する媒体として大きな役割を果たす可能性を秘めている。このことによってもしヒズボラがイスラエルへの攻撃を行う頻度が減じていった場合，イランのヒズボラに対する支援も減じていくであろう。そうなればヒズボラは弱体化していくと考えられる。

第6章　武装勢力ヒズボラ（Hizbollah）と UNIFIL の課題 ○── 115

　第三の提案は，国際社会，とりわけレバノン政府が南レバノンのシーア派コミュニティーの経済的困窮の状況にさらなる注目を集めることである。その地域に住む人々は経済的貧困に困窮しているゆえにヒズボラの支援や開発プログラムに依存し，中にはヒズボラ兵士になっていくものも多い。実際にレバノンの裕福層が多い北部と南部の経済格差は著しい。よって南レバノンに対するさらなる公共投資も必要であろう。その結果新たな雇用が創造されればその雇用を求めて除隊するヒズボラの兵士も出てくるであろう。それはヒズボラ兵士の武装解除・動員解除・社会復帰（Disarmament, Demobilization and Reintegration：DDR）の機能も果たすであろう。

　第四の提案は，国際社会がイスラエルとレバノンに外交関係の向上を促していくことである。現在イスラエルはアメリカの仲介もありアラブ首長国連邦，バーレーン，スーダン等のアラブ諸国と平和協定を締結している。もしこのような平和協定がイスラエル・レバノン間で締結されれば，ヒズボラの軍事組織としての存在意義や正当性は低下していくであろう。

　上記の４つの提案の中で，第一と第二の提案はミクロの視野に立ち，相対的に短期間で実行されうるが，第三と第四の提案はマクロの視野に立っているのでより長期間で国際社会の支援を必要とするであろう。上記の提案をステークホルダーと国際社会によってバランスよく前向きに考慮されることを期待する。

【注】

1 ）ヒズボラは毎年 7 億ドルの財政支援をイランから受けていると見積もられている。

2 ）例えば 1983 年 4 月レバノン・ベイルートのアメリカ大使館の爆破事件で 63 名が犠牲になり，同年 10 月レバノン内のアメリカ軍とフランス軍の兵舎が自爆テロで爆破され 305 名が犠牲になった。この 2 つの爆破事件においてアメリカ国内の裁判はヒズボラが深く関与していると結論付けた。

3 ）例えば英国の国際戦略研究所（the International Institute for Strategic Studies：IISS）の 2017 年の見積もりによるとヒズボラは約 10,000 人の正規軍兵士と約 20,000 人の呼ぶ軍兵士から構成され，小型兵器，戦車，ドローン，さらに多種の長距離ロケット弾を所有している。Kali Robinson "What is Hezbollah?" Council on Foreign

Relations, 1 September 2020. http://www.cfr.org/backgrounder/what-hezbollah. Accessed on 29 October 2020

4 ）例えば1994年のロンドン・イスラエル大使館やアルゼンチン・ブエノスアイレスのユダヤ人コミュニティーへの車爆破はヒズボラの犯行とされている。

5 ）Augustus Richard Norton *Hezbollah: A Short History* (Princeton and Oxford: Princeton University Press, 2018), p. 68

6 ）Augustus Richard Norton "The Role of Hezbollah in Lebanese Domestic Politics", *The International Spectator*, Vol.42, No.4, December 2007, p. 486

A ugustus Richard Norton "The Role of Hezbollah in Lebanese Domestic Politics", *The International Spectator*, Vol.42, No.4, December 2007, p. 486

7 ）Counter Extreme Project "Hezbollah's Influence in Lebanon", April 2018, p. 15

8 ）Ibid. pp. 29-33

9 ）筆者の2019年8月での現地調査での地域住民とのインタビューによる。

10）Ibid.

11）Hussain Abdul-Hussain "Lebanon must turn on Hezbollah to save its economy" *Arab News 45*, 9 July 2020. https://www.arabnews.com/node/1702226 Accessed 1 November 2020

12）Taif Accords, UN Peacemaker, https://peacemaker.un.org/lebanon-taifaccords89. Accessed on 19 October 2020

13）Augustus Richard Norton *Hezbollah: A Short History* (Princeton and Oxford: Princeton University Press, 2018), p. 71

14）Eyal Zisser " Hizballah in Lebanon: between Teheran and Beirut, between the struggle with Israel, and the struggle for Lebanon" in Barry Rubin *Lebanon: Liberation, Conflict, and Crisis* (New York: Palgrave Macmillan, 2009), p 159

15）Rita Naoum, "Constructivism and Lebanon's Foreign Policy Following Syria's Uprising", MA Thesis, School of Arts and Science, Lebanese American University, December 2014, pp. 86-88

16）Counter Extreme Project "Hezbollah's Influence in Lebanon", April 2018, pp. 12-13

17）"UN Demand's Hezbollah's Disarmament", *Asharq Al-Awswat*, 27 April 2019. https://english.aawsat.com//home/article/1697456/un-demands-hezbollah%e2%80%99s-disarmament. Accessed on 1 November 2020

18）UN Document S/2019/574 *Implementation of Security Council resolution 1701 (2006) during the period from 18 February to 24 June 2019, Report of the Secretary General*, on 17 July 2019, para. 30

19）*Jewish & Israel News Algemeiner*, 27 November 2019

20）UN Document S/RES/1701, *The situation in the Middle East*, 11 August 2006

第6章　武装勢力ヒズボラ（Hizbollah）と UNIFIL の課題　○── 117

21) *International Herald Tribune*, 14 February 2017

22) *Jerusalem Post*, 19 April 2014

23) CNN News, 16 August 2006

24) Vanessa Newby *Peacekeeping in South Lebanon: Credibility and Local Cooperation* (Syracuse: Syracuse University Press, 2018), pp. 78-79

25) Ibid. pp. 79-80

26) Assaf Orion "Hiding in Plain Sight: Hezbollah's campaign Against UNIFIL", Policy Note, The Washington Institute for Near East Policy, November 2019, p. 3

27) Ran Porat "How Hezbollah neutralized UNIFIL", policy paper, the Australian Centre for Jewish Civilisation at Monash University, 19 December 2019, p. 2

28) Assaf Orion pp. 3-4

29) Ibid. p. 4

30) Ran Porat p. 3

31) Ibid. p. 4

32) Susann Kassem "Peacekeeping, Development, and Counterinsurgency: The United Nations Interim Force in Lebanon and 'Quick Impact Projects'" in Karim Makdisi and Vijay Prashad (eds.) *Land of Blue: The United Nations and the Arab World* (Oakland: University of California Press, 2017), p.463

33) Ibid. pp. 467-468

34) Ibid. p. 468

第4部

国連 PKO の政策における課題

第7章
国連 PKO の文民保護の課題

7−1　導　入

　国際社会は，とりわけポスト冷戦期においては国内紛争におけるおびただし
い数の大規模な戦争犯罪や人道上の危機を垣間見ることとなった。それは文民
の残酷なまでの殺害，拷問，さらには性犯罪といった重犯罪である。そして国
連 PKO はこのような犯罪に対しておそらくは最良の解決策の一つであること
を期待されている。その結果「文民保護」という概念，そしてそのための行動
がそのような戦争犯罪を防ぐために国際社会において求められるようになっ
た。とりわけ 19994 年のルワンダと 1995 年の旧ユーゴスラビアのスレブレニ
ッツアの内戦において民族浄化ともいえる大虐殺を国際社会が防ぐことが出来
なかったという教訓から，文民保護という任務は国連 PKO の中に採り入れら
れることとなった。

　従来国連 PKO は「今ある平和を維持する」活動であり，戦争が勃発している
ところでは傍観者に過ぎないという論調が存在するものの，現実において PKO
は国内紛争の最中に介入することも多い。そのような状況において，PKO 要
員による文民保護の役割は重要である。一方でこの文民保護が国連 PKO の任
務として定着しておよそ 20 年の年月が経過し，その任務の効果，適性，及び
正当性について改めて議論していく必要がある。

　よって本章は，国連 PKO による文民保護について焦点を当てる。文民保護
を任務とする多くの国連 PKO について調査した際，この任務においては予想

に反して実に多くの課題が認識された。本章ではまず国連 PKO に文民保護の任務を適用させる場合の本質的な問題を提起する。まず最初の問題として，そもそも紛争地帯における文民保護に関する責任の所在はどこか。簡潔に言うと誰が文民を保護すべきかという問題である。国際社会（国連 PKO）なのか，その国の政府なのか。二番目の問題として，文民保護という任務ははたして国連 PKO の主要原則，とりわけ「受け入れ政府の合意」「活動の中立性」そして「要員の最小限の武装」の主要 3 原則に適合されるものなのか。この問題に関しては国連 PKO の実際の 2 つのケースを用いる。そのケースとは，ポスト冷戦期のアフリカのスーダン（UNMIS）とコンゴ民主共和国（MONUSCO）の国連 PKO である。

7−2　国連 PKO における文民保護の本質的な問題

7−2−1　問題：紛争地帯においては誰が文民を保護すべきなのか。当事者政府か，国際社会（国連 PKO）か

　一般的に，国際社会において文民保護に限らず国家や武装勢力が武力を行使することに対する敷居は高い。国際法の中でも国連憲章においては文民保護と言えども外部組織による武力を伴う文民保護活動というものは，大きな制約を受けることとなる。まず憲章 2 条 4 項において，加盟国はその国際関係において武力の行使を禁止している[1]。同様に憲章 2 条 7 項においては，加盟国の国内管轄圏内にあたる事項に関する干渉も慎むこととしている[2]。これは内政不干渉の原則であり，この国家主権の大原則は 1948 年のウェストファリア条約を基盤としている。よって国連といえども外部組織が国内紛争において文民保護のために武力を行使することに懸念が残される。

　一方でポスト冷戦期においては，アフリカのシエラレオネ，スーダン，コンゴ民主共和国，マリ等で多数の国内紛争が勃発し，残酷極まりない戦争，そしてそれに伴う人道被害をもたらした。このような国内紛争は，国連憲章が作成された第 2 次世界大戦直後においては予想できないことでもあった。そして先

述した国際法における人権最重視とも言える考えは次第に顕著になっていった。国家の中には拡散していく暴力から自国民を保護することができないばかりか，国家そのものが自国民に対して戦争犯罪を犯していると批判されたものもある。このような見地においては，大国のような他国や国連のような国際機関が，人道上の目的においてこのような紛争に武力をもって介入することは正当化されうる。

　このように内政不干渉という歴史的に支配し続ける慣習への敬意と現実とのギャップ，そして国連憲章が作成された時代と現在の紛争形態の差異によって，国際社会には文民保護に対するジレンマが広がっていった。そしてそのジレンマは，「保護する責任」という新しい概念によって解決し得ると考えられた。

　「保護する責任」という概念は，2005年の国連の世界サミットにおいて国連加盟国によって提唱された。彼らによる「保護する責任」の解釈としては，この概念は大きく3つの柱から構成される。まず第一に，あらゆる国家は，残虐行為，大量虐殺や戦争犯罪さらには民族浄化政策のような反人道犯罪から自国民を保護する責任があるとする。第2に，国際社会も国家がそのような責務を遂行できるように促さなければならない，そして第3にもし国家がそのような責務を果たすことができなければ，国際社会が代わって適切なタイミングでその責務を決意をもって果たす準備をしなければならないということである。

　そして2018年「保護する責任」に関するグローバルセンター（the Global Centre for the Responsibility to Protect）によると，文民保護は紛争地帯における文民の身の安全を確保するために採られる手段であり，それは国際人道法，難民法，人権法によって国際社会の責務としてとらえている。国際人道法においては，国家のみならず非国家の武装組織もが紛争地域における文民の保護を責務と規定している。また紛争当時者が自国の文民を保護できない場合には，武装組織でなくとも国連や各NGO団体を含んだ人道援助の組織も保護的な責務を果たし，文民が抱える苦痛を緩和すべきであると当センターは規定している[3]。このような解釈においては，第3者とりわけ国際機関の紛争地域における文民保護は，このような国際法上において合法となるとしている。

しかしながら現在の国際社会の問題を解決すべく「満を持して」台頭した「保護する責任」であるが，これには「正の効果」と「負の懸念」の双方が明らかにされている。まず「保護する責任」に関する「正の効果」，すなわちメリットであるが，例えばアレックス・ベラミー（Alex Bellamy）によると各国政府，国連およびNGOによって「保護する責任」という言葉を引用することによって，国連安全保障理事会における紛争解決のための決議が採択されやすくなったという。すなわち世界の紛争解決のための同理事会の決議要請の文章の中で「保護する責任」を要求するものの53％が採択されているのに対して，「保護する責任」を要求されていないものに関しては14％しか採択されていないのである[4]。

2015年ベラミーは，過去5年間においての安全保障理事会の記録から「保護する責任」に対しての前向きな決意が認識されるという。実際に2010年から2012年にかけてリビヤで繰り広げられた「アラブの春」と呼ばれる民主化運動の後の3年間に安全保障理事会は「保護する責任」を言及する頻度が3倍に増加していったのである。

しかしながら「保護する責任」に関しては「負の懸念」すなわちマイナスの要素も存在する。その最たる例は「保護する責任」をめぐっての行動は，国連加盟国の政治的な要素を含んだ国益に乱用されやすいということである。実際に「保護する責任」に関しては，途上国が多く存在するいわゆる「グローバルサウス」と先進国主導の「グローバルノース」の間ではそれに対する見方が異なってくる。簡潔に言うと中国も含んだ「グローバルサウス」は「国家主権の原則」を最優先に掲げ，外部からの干渉に肯定的でない。このことは要員派遣国の圧倒的多数が中国を含んだ途上国で構成されている国連平和維持活動の政策に大きく影響を与えている[5]。

また「保護する責任」の政治的影響への懸念に関しては，チャールズ・カーター（Charles Cater）やデビッド・マローン（David Malone）が指摘したように，「保護する責任」の適用は，国際社会においての政治大国が介入しようとする複雑な紛争状況をどのように分析するかにかかっている[6]。エイデン・ヘイ

アー（Aiden Hehir）は 2011 年のリビアにおける大国の「保護する責任」という名目での介入はさらに懐疑的であったと主張する。彼は大国のリビア介入の理由は「保護する責任」という昨今台頭した概念では全くなく，別の要因，例えばカダフィー大佐の国内での不人気，リビアのヨーロッパ諸国との外交の強化，リビアの豊富な石油埋蔵，そしてとりわけ 2011 年 3 月 12 日のアラブ連盟によるリビアに対する軍事行動要請の声明があげられる。この声明によってアメリカ，ロシア，中国の支援を取り付けることができたのである[7]。

同様にグレハム・ハリソン（Graham Harrison）はアフリカでの大規模な暴動及び紛争とそれに対する「保護する責任」の関与に関して調査をした。その中でアフリカの選挙における外部の介入を分析したところ，それは「保護する責任」という現在の規範的な責務によるものではなく，アフリカという地域における政治的な関心，そしてアメリカと EU が自分たちの従来の得意とする「軍事介入」を採用したに過ぎないとしている[8]。さらにハリソンは，南スーダン，マリ，チャド，そして北ナイジェリアにおける紛争や暴動には「保護する責任」に関連した政策は存在していないことに警告を発している[9]。言い換えれば，国家は自らの戦略的な目的を成し遂げるために人道的な側面を搾取し，「保護する責任」という規範的な原則を乱用しているとも言えるのである[10]。

国際社会における「保護する責任」を恣意的に選択するという傾向は 2017 年アビオダン・ウィリアムズ（Abiodun Williams）によっても懸念されている。彼は国際社会が「保護する責任」の原則を適用するか否かは多くのことが要因になるという。その要因とは，紛争状況の深刻さの度合い，「保護する責任」によって介入した場合のリスクの度合い，介入することにより予想される成功の見込み，国際的な政治や財政的要因，介入する国の地政学的な重要性などであるという[11]。

「保護する責任」は国連 PKO においてはどのように実践されるべきであろうか。この点に関してトーマス・ワイズ（Thomas Weiss）は，「保護する責任」においては国際社会からどのようにして合意を得るのかではなく，その後においてどのように行動していくかが重要であると指摘している。エドワード・ラ

ック（Edward C. Luck）は，「保護する責任」に関しては正解（answers）よりも疑問（questions）の方が多く議論され，その疑問とは「保護する責任」が如何に理論から実践へと正統的に移行できるかというものである[12]。

　以上を総括すると紛争地域において誰が文民を保護するかという問題に関しては，通常であればこの国家の政府の責任となる。しかし新たな文民保護においては，国際社会からの新たな規範である「保護する責任」という概念に基づいて国連のような外部の組織も保護する責任があることも指摘されてきた。しかし一方でこの「保護する責任」を適用するには，国際社会の「利己的」ではなく「利他的な」姿勢が問われる。しかしながら現実的にはこの「保護する責任」を政治的な側面から見る恣意的な選択性を見ることが多く，よって「文民保護」を国際社会に多くを依存することは現時点では困難であると言える。

７−２−２　問題：文民保護の活動において「国連 PKO の３原則」を維持することが可能であるのか：受け入れ政府の合意，活動の中立性，最小限の武装との両立性の問題

　伝統的に国連 PKO は，「受け入れ政府の合意（local consent），活動の中立性（impartiality），最小限の武装（minimum force）」という主要３原則に多大な価値を置いている。しかし文民保護を国連 PKO において実施するにあたってこの主要３原則を維持することは困難であると言わざるを得ない。なぜならば外部組織，すなわち国連や大国が文民保護を行う際には強制力や不公平，さらには圧倒的な武力を伴うことが想定されるからである。国内紛争においては，時には政府軍が反政府勢力を支持する市民に反人道行為を行うために，それら市民を保護するために国連 PKO はその政府軍に武力を行使することもある。そうなれば国連 PKO は国家主権の原則と相容れなくなる。その場合には国連 PKO は活動の中立性も失うことになり，PKO 兵士も中立的な行動ができなくなる。そして最小限の武装という原則も維持できなくなるのは言うまでもない。国連 PKO の活動は，国連憲章７章の「平和に対する脅威，平和の破壊及び侵略行為に関する行動」に基づく強健な（robust）な活動となる。

実際にアレックス・ベラミー（Alex Bellamy）は，国連 PKO において受け入れ政府からの合意と文民保護の活動の間には大きな 2 つの課題が生じているという。まず第一に，受け入れ政府やその政府軍がその目的を達成させるために残虐行為を繰り返している場合においては，国連 PKO と受け入れ政府が総体的合意を得ることは非常に困難になる。その場合において国連 PKO はより強健になり，その活動は反政府活動になっていく。そこで国連 PKO がそのドクトリン（教義）や概念を確立していく過程に問題が生じる。第二に，そのような強健な活動をしていくには，国際的な保護を受けるべき文民の数を制限せざるを得ない。しかしそのような残虐行為から解放される権利は誰にでもあり普遍的なのである[13]。

　ベラミーは，上記のような課題を解決するには 3 つの選択肢しかないという。まず最初の選択肢は，とても否定的で悲観的である。それは，そのような強健的な人道的介入や文民保護というのは好ましいものでもなく理想的なものでもないということを認識することである。そしてその際に保護されることができない文民も生じてしまうことは避けられないという考えである。それはそのような介入はそもそも起こるべきではないという考えに基づいている。よって残虐行為から文民を保護するという人権問題は，国際社会の原則や責務から生じるのではなく，文民の政府によって守られるべきというものである。2 つ目の解決策は，国家主権の原則を侵害させないための大胆な代替案である。それは文民保護活動は非武装の要員に任せ，当該政府は国境を開放し，人々は自分の身は自分で守るべく国境を越え難民となることを容認するということである。しかしながらこの政策によって反人道的な残虐行為はさらに加速していく可能性もある。3 つ目の選択肢は，従来の議論に戻り，文民保護は受け入れ政府の合意を得ずに，国際社会は強制的な人道的介入，そして大きな武力を投入するというものである。この活動は通常の国連 PKO からかけ離れたものととらえる。以上のような 3 つの解決策は，万能薬のようなものでは決してなく，それぞれには一定の懸念が残される。よって文民保護という活動と一定のコンセンサスを必要とする国連 PKO がお互いに相容れない部分が残されるという懸念

は残されるであろう[14]。

　文民保護における武力行使に関していえば，「保護」という名目で国連 PKO の活動が益々軍事化していると言われている。実際に 2000 年に国連で発表された「ブラヒミレポート（the Brahimi Report）」においても文民を保護するためには武力行使が必要であると認識している。さらに 2017 年に同様に国連内で発表された「クルーズレポート（the Cruz Report）」でも国連 PKO における要員の犠牲者が急増している中，全ての PKO はより重武装で強健であるべきだと主張している[15]。

　しかしながら文民保護を国連 PKO の任務に組み入れた段階では，文民保護に関する十分な議論がなされずコンセンサスが得られないままそれぞれの任務が開始してしまったとも言われている。例えば文民保護を任務として公に認められた 1990 年のシエラレオネの PKO（UNAMSIL）の設立に関して国連安全保障理事会では，非常任理事国のカナダ，マレーシア，そしてオランダは文民を保護するための強健なマンデートを特別に明記する必要があるとした一方，常任理事国のアメリカとイギリスはこの件に関してはすでに国連憲章の 7 章に基づいているので更なる明記は必要がないと主張した[16]。そして前述した非常任理事国の主張が認められ，その後の国連 PKO に強健なマンデートが組み入られながらも，そのマンデートの表現のあり方においてはそれぞれの国連 PKO の中で隔たりが生じた。例えば，シエラレオネ（UNAMSIL）の PKO の後も，コンゴ民主共和国（MONUSCO），マリ（MINUSMA），中央アフリカ（MINUSCA），南スーダン（UNMISS）の PKO 等で武力を伴う強健なマンデートが発せられたが，UNMISS に関しては南スーダン政府が文民を保護すべき主たる責任者であるという文面はなく，MONUSCO に関しては文民保護を行う地域を限定していた。つまり文民保護を重点的に行う州を限定しながら，さらに状況が悪化しうる州に備えて軍事力を蓄えていくことを意図としていたのであった[17]。

　実際に，国連 PKO において武力行使を行っている現在の状況に批判的な調査結果も明らかになっている。アレキサンダー・ギルダー（Alexander Gilder）は，確かに国連 PKO における文民保護の任務は義務付けられるようになった

ものの，多くの国連 PKO の中，とりわけコンゴ民主共和国（MONUC）やスーダン・ダルフール（UNAMID）などでは実際に PKO 兵士は十分な武力をもって文民保護に対応していないと分析している。つまりそのような地域では国連 PKO における文民保護の活動は失敗に終わっている。ギルダーは，実際に国連 PKO の展開されている地域において，攻撃されうる物理的な危険が差し迫っている全文民のわずか 20％の者にしか PKO 要員は対応していないと警告を発している。ギルダーはそれ故 PKO 要員に文民を保護する権限を有する必要性が果たしてあるのかという疑問を抱いている。彼は現実には攻撃を受けている文民に対して武力が使用されていることはあまりなく，国連平和維持軍というものは元来武力を使用したがらないものであると言い切る[18]。

　さらに文民保護と武力行使に関しては根本的な問題を抱える。実際に文民保護の任務は全国連 PKO の 90％において明記されているものの，法学者や専門家は国連 PKO における文民保護の法的な拘束や責務の範囲に関してはほとんど調査をしていないのが現状である。国連はどのように文民保護のマンデートを作成し，どの程度までの武力を行使すべきかについて明確にすべきであろう。この点において先述したギルダーは，法的必要性を鑑み，文民保護における武力行使内容の上限を設定することも重要であるが，同時に保護するための最小限の責務に関しても法的に明確にすることが必要であると主張する。このようなことで紛争地域での次の暴力の連鎖を断ち切ることが可能となりうる[19]。

7－3　国連 PKO での文民保護：スーダンでのケース

　1999 年 2 月国連安全保障理事会にて文民保護に関する最初の議論がなされ，そこでは紛争に巻き込まれた文民の被害者数の増加を懸念する議長声明が採択された。その後安全保障理事会は国連事務総長に対してこのような文民を物理的にも法的にもどのように保護していくかについて提言すべく年次報告を提出するよう要求した。

　1999 年国連シエラレオネ派遣団（the UN Mission in Sierra Leone：UNAMSIL）

は，肉体的な暴力の危機に直面している文民を保護するために必要な全ての行動を認めるマンデートを持つ最初の国連 PKO であった。しかしその設立 10 年後の 2009 年 5 月においてパン・ギムン（Ban Ki-moon）国連事務総長は年次報告の中で，UNAMSIL の活動において文民保護を強化するさらなる努力が依然重要であると述べた。彼は，現在の紛争地帯における人的苦痛は，紛争当事者たちが人民を保護する責務に対する尊敬の念が根本的に欠落していることが原因だとした。彼は文民保護に対する規範的認識の国際的な発展を認めながらも UNAMSIL の活動現場においては，その言葉に見合った発展がされていないことも認識した。ギムン事務総長の年次報告の中で，外部組織による文民保護をするにあたっての 5 つの課題をあげた。そしてその 5 つの課題の一つに「より効果的でより良い資源を得た PKO やその関連活動を通して保護を高める」というものがあった[20]。

　このように文民保護に対する概念や規範に関しては国際法上正当性は認められているものの，実際の国連 PKO の現場において十分な効力が発揮されているかについては更なる調査や議論が必要になってくるであろう。この点において筆者はシエラレオネと同様にアフリカで展開している国連 PKO である国連スーダンミッション（the United Nations Mission in Sudan：UNMIS）の調査を行った[21]。UNMIS は，2005 年 3 月 24 日に国連安全保障理事会 1509（2005）に基づいて設立され，スーダンにおける南北包括和平合意（the Comprehensive Peace Agreement：CPA）の履行を援助することを主な任務とした。CPA は，スーダンの北部地域に基盤を置くスーダン政府と，スーダンの南部地域の住民から支持を受けているスーダン人民解放運動／軍（the Sudan People's Liberation Army/Movement：SPLA/M）との間で 10 年にもわたる紛争を集結させた。UNMIS の任務はスーダンの人々の人権を奨励し，彼らを切迫している暴力の脅威から保護をするというような人道的な活動であった。

　実際に，文民保護に関する広範囲な研究に基づくと UNMIS には様々な課題が浮かびあがった。まず第一に「文民保護」に関する解釈や定義に関する課題である。UNMIS における文民保護の解釈はとても限定的であった。UNMIT

における文民保護の活動は，萌芽的で試験的な分野であり，それは国連 PKO 局の一組織に過ぎなかった。一方で当時スーダンには，UNMIS に限らず国連内外の様々な組織が「文民を保護」する任務を受けている。彼らにとっての「文民保護」の定義や解釈は UNMIS のそれとは異なっていることがある。例えばスーダンでは，国連難民高等弁務官事務所（UNHCR）は文民の保護に関してはとても広範囲で長期にわたる見方をしている。その文民保護の中には雇用の創造，加えて衛生，教育，ヘルスケアの分野の提供も含まれている。このような UNHCR の保護活動は重要であるものの，そのアプローチの仕方は UNMIS とは対照的である。UNMIS の文民保護に関する見方はとても短期的であり，保護する分野も迫害から身を守るような個人の外部による脅威からの保護である[22]。NGO の文民保護に対する見方も UNMIS よりはむしろ UNHCR のそれに近い。さらに UNMIS の中でさえも文民保護活動に従事する部署が複数あり，それぞれは異なった目的を持ちそれぞれの課題に取り組んでいた。しかし文民保護に従事したそれぞれの組織が文民保護全体の活動の向上の為に情報交換したり，議論しあったりする機会というものは存在しなかった。

　UNMIS における文民保護の第二の課題としてあげられるのは現場においてのみならず国連安全保障理事会におけるこのマンデートの重要性に対する意識が欠如していたことであった。那須仁（Hitoshi Nasu）は，国連 PKO における現場での文民保護活動は国連安全保障理事会での十分な討議をすることなく始められてしまったと批評している。例えば，15 か国から構成される安全保障理事会での討議では，カナダと日本が文民保護のコンセプトに対して深い支持を表明した。英国，オランダ，アルゼンチン，ナミビア，ルワンダそしてウガンダが文民保護を含めることを熱狂的に支持した。しかしそれ以外の 7 か国の理事国は文民保護に関してとりわけ意見を述べることもなかった。特筆すべきことに文民保護に関する討論の中に国連憲章第 7 章との関連に関しては，全く熱意ある討論がなされていなかったのであった[23]。同様に PKO の活動現場においても文民保護の責任に対する意識や理解が欠如していた。活動要員の多くは，部族闘争から文民を保護することが自らの任務の範疇外にあり，スーダン

における南北包括和平合意（CPA）の履行を支援するという自分たちの主要任務の妨げになるとさえ考えている[24]。彼らは文民保護の責任はスーダン政府，とりわけ法の支配を促進する警察や司法部門の組織であると考えている。彼らの考え方は，UNMISが文民保護の活動に従事することはUNMISが地域の人々と芳しい関係を築くことの妨げになるということだ。なぜなら単にPKOの軍事要員がいるだけで人々は暴動の発生時において彼らはPKOに保護されるであろうと過大な期待をかけてしまうからである[25]。

　UNMISにおける文民保護の第三の課題としてあげられるのは，第二の課題と関連している。それは意識の低下によってもたらされる活動の消極性である。UNMISの交戦規程（The Rule of Engagement : ROE）では，UNMISの要員は，紛争時において要員自身，その同僚，国連スタッフ，もしくは関連するスタッフ，軍事施設，および文民の身体的暴力の差し迫った脅威から保護するために，絶対的な必要性に直面した時のみ武力を行使してもよいとしている[26]。またROEは，有能な政府当局が迅速な支援ができない場合にもUNMISの武力行使を認めている[27]。このROEにおけるにおける武力行使に関する規程は当時のスーダンの紛争状況を鑑みると適切であったと考えられる。それにも関わらずUNMISに関わった多くの者はUNMISは文民保護の活動に対してもっと積極的であるべきだったと述べている。例えば2006年6月に発表されたコフィ・アナン（Kofi Annan）国連事務総長によるUNMISに関する報告書では，何百人ものUNMISの兵士は，国連の軍事施設，軍事要員，軍事監視要員，後方処理要員を主に保護するために展開しており，地域の文民を保護していないと非難している[28]。

　実際に2008年5月にUNMISは，文民保護のマンデートを履行する上で大きな危機的問題に直面した。同年5月13日アビエイ（Abyei）においてスーダン人民解放運動／軍（SPLA/M）とスーダン政府軍との間で大きな紛争が勃発したのである。不法な軍隊，南スーダンの武装勢力等が文民宅を略奪・放火をし，ほぼ全員である30,000人の文民は逃亡を余儀なくされた。文民の住む村の中にはUNMISの施設のわずか45メートルしか離れていないところもあっ

た。文民が避難したのちに UNMIS は彼らを保護できなかった理由として，文民保護のために行う武力行使をするにあたってのマンデートが十分でなかったことをあげている。一方でアメリカのリチャード・ウィリアムソン（Richard Williamson）スーダン特命全権大使は当時 UNMIS がアビエイにて文民保護に対して積極的な対応ができなかったことを強く非難した[29]。

2009 年文民保護に関する基本概念は，UNMIS 軍事部門の本部によって改善された。しかしその基本概念の規程は十分に現実的で機能的ではなかった。スーダンのジョングレイ（Jonglei）州に関するノルウェー国際情報研究所（the Norwegian Institute of International Affairs : NUPI）の文民保護に関する報告書によると UNMIS が文民保護に対して積極的に行動する機会がほとんどない理由は，文民に差し迫った脅威に対して「いつ」「どのように」対応すべきかについて明確な指示や命令がないからであるという。同報告書は，現実では UNMIS のあらゆる司令官は他からの指令や命令を模している傾向にあると述べている[30]。

このようにスーダンの UNMIS のケースでは，国連 PKO における文民保護が直面する様々な大きな課題が残されていることが認識された。文民保護の課題はアフリカの他の国連 PKO でも同様に見られる。そのアフリカでは「安定化ミッション（stabilization forces）」という PKO が展開されている。そのような国連 PKO は，不法な侵略者や武装集団から政府や文民を保護することによって秩序の維持の回復に貢献することを主要なマンデートとしている。当然国連憲章 7 章に基づいた強健な武力行使が容認されている。現在アフリカに展開する「安定化ミッション」は中央アフリカ共和国（MINUSCA）やコンゴ民主共和国（MONUSCO）の PKO がある。このような国連 PKO における文民保護はさらに調査していく価値があろう。

7−4　国連 PKO での文民保護：
　　　コンゴ民主共和国（DRC）でのケース

コンゴ民主共和国（the Democratic Republic of the Congo : DRC，以下 DRC と

第 7 章　国連 PKO の文民保護の課題　○—— 133

する）の国連 PKO である国連コンゴ民主共和国安定化ミッション（United Nations Organization Stabilization Mission in the Democratic Republic of the Congo：MONUSCO，以下 MONUSCO とする）は，2010 年 5 月 28 日に国連安全保障理事会決議 1925（2010）が採択され設立された。MONUSCO の「安定化」とは人権の保護の促進や，信頼されうる手段によっての選挙の実施による民主化の促進を通しての「安定化」を意味する事であった。MONUSCO の設立の目的は，安全保障や司法の制度を構築し，それらに対して説明責任を負う国家の支援をすることであった。その認定された規模は 19,815 名の軍事要員，760 名の軍事監視要員，そして 391 名の警察要員であり大型の国連 PKO として分類される[31]。

　コンゴ市民を保護することは MONUSCO の主要なマンデートであった。しかし MONUSCO の文民保護は，DRC では MUNUSCO 以前の国連 PKO であった国連コンゴ民主共和国ミッション（MONUC）の時よりも改善したとは言い難い。MONUSCO の Stabilization（安定化）への貢献はむしろ名ばかりであった。例えば，2010 年 7 月 30 日から 8 月 2 日の間に大規模な組織ぐるみの性犯罪が DRC 東部に位置する北キブ州のワリカエ（Walikale）地区で発生し 303 名の女性が被害に遭った。しかしその地区は MONUSCO の基地から 30 キロしか離れておらず，よって MONUSCO は自らの基地の近隣で発生した組織的な犯罪を防止することができなかったのである。

　2012 年 11 月においては北キブ州の州都であるゴマ（Goma）にツチ族主導の反政府グループである The M23 が反人道犯罪をもって侵攻した[32]。そこでも MONUSCO は，大量虐殺を防止することができなかった対応に対して厳しい批判を受けた。

　2013 年 2 月 24 日に「DRC と地域のための，平和，安全保障，協力に関する枠組み（the Framework for Peace, Security and Cooperation for the DRC and the Region）」が DRC の問題の包括的な解決を望む周辺諸国によって調印された。その国々は DRC，アンゴラ，アフリカ共和国，ブルンジ，ルワンダ，南アフリカ共和国，南スーダン，タンザニア，ウガンダ，ザンビアである。調印は発起人の一人であるパン・ギムン国連事務総長の参加のもとで行われた[33]。そ

134 ──○

の枠組みは，国連の指揮による重装備の戦闘部隊の設立を提唱した。その結果 2013 年 3 月 18 日 MONUSCO 内において介入旅団（the Force Intervention Brigade：FIB，以下 FIB とする）の設立が国連安全保障理事会決議 2098（2013）で承認された。FIB のマンデートは，必要あらゆる手段，すなわち致死的な武力を含む武力行使を許可することによって，当該武装勢力を無力化させることであった[34]。タンザニアの司令官によるこの FIB の軍事要員は 3069 名であり，3 つの歩兵部隊，1 砲兵隊，1 特別部隊，そして 1 偵察隊から構成された。

　実際に FIB は DRC 東部の安定化には貢献したと言える。2013 年 7 月から 8 月の間に FIB はコンゴ政府軍（FARDC）と共に，砲兵隊，航空攻撃，狙撃兵を使用し The M23 との戦闘に勝利をおさめた。

　一方で FIB に関するいくつかの問題点も指摘された。例えば，FIB は他の通常の MONUSCO の軍事部門と異なり，コンゴ政府軍と共に反政府軍と戦ったために中立性は損なわれ，1 武装集団ととらえられた。さらに通常の軍関係者たちは，表面上において通常の MONUSCO の軍隊と FIB のそれの区別がつかなかったのである。このことは作戦上，そして法律上の 2 点において問題となった。作戦上においては，通常の MONUSCO 部隊は FIB と比較して軽武装であるために，誤って彼らが FIB 部隊と判断され外敵の武装勢力から攻撃を受けた場合，彼らは大きな人的被害を被ることが想定された。また法律上の問題としては，FIB が中立性を損ねた場合，それを含む MONUSCO 全体も中立性を失った組織として判断され，様々な国際法（国際人権法，国際連合要員および関連要員の安全に関する条約，国際刑事裁判所に関するローマ規程等）によって MONUSCO が保護され得ない可能性が出てくるのであった[35]。

　FIB とコンゴ政府軍は限られた武装勢力の無力化に成功した点では一定の成果を果たしたと言える。その一方で FIB の介入にもかかわらず，依然多くの主要な武装集団が勢力を維持し，地域の安全に悪影響をもたらし「DRC と地域のための，平和，安全保障，協力に関する枠組み」の効果は限定的であった。実際に DRC において ADF と呼ばれる武装勢力は，きわめて反人道的な戦争犯罪を行い，多くの無実の一般市民を標的としていた。2014 年 12 月 30

日の国連事務総長からの報告によると，同年 10 月からの 2 か月間の間に ADF
は 250 名以上の文民を殺害している[36]。2015 年 5 月 5 日には MONUC の兵士
たちがパトロール中に武装勢力から狙撃を受け，2 人のタンザニアの兵士が亡
くなった。同様にルワンダ解放民主軍 (FDLR) は，DRC 内で文民に対して反
人道的な虐待を続けていた。北キブ州では，今コンゴ政府軍が 162 名の FDLR
の兵士を捕らえ，62 名を投降させ，13 名を殺害したが，FDLR の指揮系統に
影響を与えることができなかった。また MONUSCO も FDLR の武装解除・動
員解除・社会復帰 (DDR) を促したが，大きな成果は得られなかった。さらに
MONUSCO と FIB は，FDLR に対して The M23 に対して示したような大規
模な攻撃や追及をしなかったことに対しても，公平性の欠如を指摘され，批判
を受けた。そしてその地域の状況を取材し続けてきた南アフリカのジャーナリ
ストは，総じて FIB は設立後の 1 年間はほとんど大きなことは行ってきてい
ないと結論付けた[37]。

7-5 結　論

　本章は，近年国際社会から新たに提唱されている規範である「文民保護」に
ついて議論をした。文民保護は，ポスト冷戦期における多くの戦争犯罪や人道
危機を鑑みると，正当性と必要性の両方を兼ね備える。文民保護は「保護する
責任」という新たな別の規範からの関連性も深い。この 2 つの規範は設立時に
おいては，国際社会においては必ずしも全面的な支持を得ているわけではなか
った。さらに「文民保護」や「保護する責任」という 2 つの規範は，それ自体
に関しては理想主義に基づき「理想的な」概念である。しかしこの規範が国連
PKO という活動に限定された場合には，いくつかの重要な課題が見えてくる。
文民保護は，そもそも主権国家が国民のために行うもので，第 3 者の「国連
PKO」が行うべきではないという議論がある。また国連 PKO で文民保護を行
う場合にはどうしても武力等も加わり，その場合，国連 PKO の 3 原則「合意」
「中立」「最小限の武装」に抵触する可能性が生じてくる。

また本章では，国連 PKO における文民保護に関してはスーダンやコンゴ民主共和国でもいくつかの課題が見受けられた。国連ミッションにおける文民保護にあたっては，PKO 兵士を含めた国連職員と NGO 等との間での文民保護に対する認識のずれ，同様に国連内でも軍事スタッフと文民スタッフとの認識のずれが生じており根本的な課題が生じていた。また文民を保護するにあたっての主体的な行動の欠如，強健な行動による文民保護に対する意見の相違も見受けられた。

文民保護の規範，概念，またそれによる行動自体に問題がなくとも，そもそも停戦監視が主任務である国連 PKO に新しい任務を加える困難性，さらに文民を保護するために国連 PKO の従来の原則や慣行を見直す必要性等を考慮した場合，国連 PKO における文民保護の課題は多くが残されている。それによって国連 PKO における文民保護が否定されるのではなく，時間を要して精査され，修正され，完成されることが望まれる。

【注】

1) United Nations Charter, Article 2.4: *All Members shall refrain in their international relations from the threat or use of force against the territorial integrity or political independence of any state, or in any other manner inconsistent with the Purposes of the United Nations.*

2) United Nations Charter, Article 2.7: *Nothing contained in the present Charter shall authorize the United Nations to intervene in matters which are essentially within the domestic jurisdiction of any state, or shall require the Members to submit such matters to settlement under the present Charter; but this principle shall not prejudice the application of enforcement measure under Chapter VII.*

3) Global Centre for the Responsibility to Protect, "The Relationship between the Responsibility to Protect and the Protection of Civilians in UN Peacekeeping", April 2018, p. 1

4) Alex J. Bellamy "The Responsibility to Protect: Added value or hot air", *Cooperation and Conflict*, Vol.48, No.3, 2013, p. 340

5) Abiodun Williams "The Responsibility to Protect and Institutional Change", *Global Governance*, Vol.12, 2017, p. 542

6) Charles Cater and David M. Malone "The origins and evolution of Responsibility

to Protect at the UN, *International Relations*, Vol.30, No.3, 2016, p. 291

7) Aidan Hehir "Assessing the influence of the Responsibility to Protect on the UN Security Council during the Arab Spring", *Cooperation and Conflict*, Vol.51, No.2, 2015, p. 175

8) Graham Harrison "Onwards and Sidewards? The Curious Case of the Responsibility to Protect and Mass Violence in Africa", *Journal of Intervention and Statebuilding*, Vol.10, No.2, 2016, p. 150

9) Ibid. p. 153

10) Tim Aistrope, Jess Gifkins and N. A. J. Taylor "The Responsibility to Protect and the question of attribution", *Global Change, Peace & Security*, Vol.30, No.1, 2018, pp. 1-15

11) Abiodun Williams "The Responsibility to Protect and Institutional Change", *Global Governance*, Vol.12, 2017, p. 542

12) Edward C. Luck "R2P at Ten: A new Mindset for a New Era", *Global Governance*, Vol.21, 2005, p. 504

13) Alex Bellamy "A Quarter of a Century of Civilian Protection: Contested Concepts and the problem of Sovereignty", *Civil Wars*, Vol.26, No.1, 2024, pp. 228-240

14) Ibid. pp. 237-238

15) Ibid. p. 232

16) Lisa Sharland "Evolution of protection of civilians in UN peacekeeping", Australian Strategic Policy Institute, 2019, p. 35

17) Alexander Gilder "Use of Force and UN Mandates to Protect Civilians", United States Military Academy, West Point, February 16, 2023, p. 6

18) Ibid. pp. 2-3

19) Ibid. p. 5

20) UN Document S/2009/277, *Report of the Secretary -General on the Protection of Civilians in Armed Conflict*, 29 May 2009, para. 4

21) Katsumi Ishizuka "Issues Related to the Protection of Civilians in UN Peacekeeping Operations in Sudan", Working Paper Series, Studies on Multicultural Societies No.24, Afrasian Research Centre, Ryukoku University Phase 2, 2013

22) Refugee International "Sudan; UNMIS Must be More Proactive in Protecting Civilians", *Refugee International Field Report*, January 2009, p. 4

23) Hitoshi Nasu "Peacekeeping, Civilian Protection Mandates and the Responsibility to Protect" in Angus Francis, Vesselin Popovski and Charles Sampford (eds.) *Norms of Protection; Responsibility to Protect, Protection of Civilians and Their Interaction* (Tokyo; United Nations University Press, 2012), pp. 119-120

138 ——○

24) Maya Mailer and Lydia Poole "Rescuing the Peace in Southern Sudan" *Joint NGO Briefing Paper*, Oxfam International, January 2010, p. 15

25) Refugee International p. 2

26) United Nations, *Sudan's Unified Mission Plan*, Khartoum, UNMIS, E-1

27) Ibid. E-2

28) UN Document S/2006/478 *Report of the Secretary-General Pursuant to Resolution 1653 (2006) and 1663 (2006)*, 29 June 2006

29) Victoria Holt, Glyn Taylor and Max Kelly *Protecting Civilians in the Context of UN Peacekeeping Operations; Success, Setbacks and Remaining Challenges* (New York, United Nations, 2009), pp. 329-330

30) Ingrid Marie Brcidlid and Jon Harald Sande Lie "Challenges to Protection of Civilians in South Sudan; A Warning from Jonglei", *NUPI Report, Security in Practice 8*, 2011, p. 20

31) MONUSCO Home pages, http://monusco.unmission.org/ Accessed on 2 April 2016

32) M23 は，2,000 名の兵士を持つ軍事勢力を持ち，初期の勢力はルワンダから来たと言われている。

33) Lansana Gberie, "Intervention Brigade: End game in the Congo?: UN peacekeeping task enters a new phase", *Africa Renewal*, August 2013. http://www.un.org/africarenewal/magazine/august-2013 Accessed on 24 March 2016. ギブン国連事務総長はまたアイルランドの前大統領のメアリー・ロビンソン（Mary Robinson）をその地域の全権大使に任命した。*The Guardian* 30 August 2013

34) Scott Sheeran and Stephanie Case "The Intervention Brigade: Legal Issues for the UN in the Democratic Republic of the Congo", Working Report, International Peace Institute, November 2014, p. 1

35) Scott Sheeran and Stephanie Case "The Intervention Brigade: Legal Issues for the UN in the Democratic Republic of the Congo", p. 1

36) UN Document S/2014/957 *Report of the Secretary-General on the United Nations Organization Stabilization Mission in the Democratic Republic of the Congo submitted pursuant to paragraph 39 of Security Council resolution 2147 (2014)*, 30 December 2014, para. 17

37) Institute for Security Studies, "Is the Force Intervention Brigade neutral?", *ISS Today*, 27 November 2014

第8章

PKO におけるミドルパワーの課題

8-1 導 入

　現在国連安全保障理事会の常任理事国を筆頭とする政治大国の国際社会における役割や社会的地位は相対的に低下している。その理由としては，米露・米中関係をはじめとする常任理事国5か国内での外交関係の悪化や，領海をめぐっての紛争などを含む常任理事国の無責任な行動による信頼の低下等があげられる。特にアジアにおいて国連安全保障理事会は麻痺していると言える。このような状況の中で国際社会は，政治的中堅国，いわゆる「ミドルパワー（Middle Powers）」が様々な国際問題や国際紛争に主導権を取ることを期待している。

　本章は，ミドルパワーが，とりわけアジアにおいて国連 PKO を含む紛争解決においてより主導的な役割を果たすことの潜在性を追求する。本章はまず第2次世界大戦後におけるミドルパワーの伝統的な定義を紹介する。この定義によりミドルパワーが平和維持者（peacekeeper）や平和創造者（peacemaker）として現在のそして将来のリーダーになり得ることがわかる。また次にどうしてミドルパワーが現在の国際社会においてリーダーシップをとるべきかについて論じる。そこには安全保障理事会や大国の紛争解決における限界を垣間見る。またここでは PKO の歴史を紐解いてみる。平和維持軍（peacekeeping forces）の最初の設立が 1956 年のスエズ危機を発端としている。そこで設立された UNEFI が現在で言うミドルパワーとその国を出身とする政治家たちによって設立されたことも意義深い。また本章の最後には，アジアのミドルパワーにお

けるアジア地域の紛争に対して提唱する新しいタイプのPKOについて論じていく。それは国連モニタリング・ミッションと海洋PKOである。

8-2 ミドルパワーとは何か

　国際関係におけるミドルパワーとは，その言葉通りに国力の分類でいえば，国際社会では中堅レベルにあり，超大国や大国の下部に属する。第2次世界大戦後ミドルパワーという言葉は，とりわけオーストラリアとカナダの外交政策を論じるときに使用されたと言われている。アンドリュー・クーパー（Andrew Cooper）によると国際機関における各国の責任の度合いはそれぞれの国が抱える負担の度合いと一致するという。言い換えれば，大国の国際平和への責任が大きいゆえ，その経済的，そして軍事的な負担も増加するということである。オーストラリアとカナダは，大国や小国とは別の次元での信望のある資質や資源を有し国際システムの中ではその地位を高めた。両国は「ミドルパワー」とみなされ，両国の外交は「ニッチな外交（niche diplomacy）」と呼ばれた[1]。これが国際社会におけるミドルパワーという言葉のはじまりである。

　その後ミドルパワーはオーストラリアとカナダの両国に限定されることはなくなっていく。そしてミドルパワーの定義に関しては様々な論争が繰り広げられていった。1988年バーナード・ウッド（Bernard Wood）が地域や世界レベルで定義されるミドルパワーの5つの役割について記述した。その5つの役割とは，1) 地域やサブリージョンのリーダー（a regional and sub-regional leader），2) 機能的なリーダー（a functional leader），3) 安定供給国（a stabilizer），4)（大国の）ただ乗り，あるいは（高い）地位の追求者（a free rider or status seeker），5)（国連PKOを支持するような）善良な多国間主義者（being a good multilateral citizen, supporting actions such as UN peacekeeping operations）であった[2]。一方1994年先述したクーパーとリチャード・ヒゴット（Richard Higgot）そしてキム・ノサル（Kim Nosal）はミドルパワーを4つのカテゴリーに分類した。それは「地理上（geographic）の分類」「規範上（normative）の分類」「立場上（positional）の

分類」「振舞い上（behavioral）の分類」によるミドルパワーであった。とりわけ彼らは「振舞い上の分類」による定義を「外交上の振舞い」に限定し，ここでいうミドルパワーとしての振舞いとは，国際問題に対して多国間主義による解決，国際紛争における和解，善良な国際市民であることがあげられた[3]。

　小国（small powers）と比較してミドルパワーは自らの国際的な影響力や地位を高めることを優先する傾向がある。軍事的にはミドルパワーは，地域及びグローバルな視野の中で防御的よりはむしろ攻撃的な戦闘能力を誇示する。このことは小国にはあまり見られないことである。その結果ミドルパワーは，小国には見られないような地域レベルでのリーダーシップを発揮することに傾倒するのである[4]。

　また大国に多く見られるような外交政策での単独の意思決定よりはむしろ，ミドルパワーは多国間主義的かあるいは他国と同盟を結ぶような政策を好む[5]。彼らは信頼醸成対策を好み，国際安全保障における紛争の軽減を強く望む。それ故ミドルパワーは国連 PKO のような多国間における活動を好む。

　伝統的にミドルパワーは，PKO や平和創造活動においては理想的な貢献国であると言える。主に調停や仲裁に標準を当てる PKO の役割において，大国の威圧的な資質と彼らの植民地支配の歴史は，受け入れ国に心配や恐怖の念を抱かせる。また PKO は，準軍事的な役割という側面も持っており，そこには適切な軍事装備，ミッションスキル，PKO 兵士の訓練や規律，兵士間の高い士気，優秀な後方処理能力が要求される。ミドルパワーにはこれらの資質が備わっていると言える。

　このようにミドルパワーには小国にはない強み，そして大国にはない強みがあり，そして PKO に関してはまさに超大国や大国が支配できない領域でもあり，この分野においてはミドルパワーは大いなるリーダーシップを発揮する潜在性を秘めている[6]。

8－3　現在ミドルパワーが国際社会でリーダーシップを発揮すべき理由

8－3－1　国連安全保障理事会の行き詰まり

　近年の国際情勢，特にアジア地域では安全保障面においては不安定要素が多い。例えばミャンマーでは，2017年8月ラカイン州においてミャンマー軍部の深刻な少数民族への弾圧による人道危機が発生し，90,000人以上のロヒンギャ族が逃亡し，バングラデシュで難民となった。同州では2021年2月に軍事クーデターが発生し，当時の民主政権の主導者であるアン・サン・スー・チー（Aung San Suu Kyi）氏が軟禁された。アメリカ政府はミャンマーの軍事政権に対して人道上の理由で軍事制裁を課す準備はできていたものの，この問題において国連安全保障理事会の決議は採択されなかった。アジアのミドルパワーである日本が軍事政権と正式に対話できる唯一の国であった[7]。

　一方，2021年8月のアメリカ軍のアフガニスタンからの撤退は明らかにその後のタリバンの復権とその支配につながった。アメリカの撤退後わずか数日以内にタリバンはアフガニスタン全土を掌握した。アメリカ政府は，2001年の「9.11アメリカ同時多発テロ」の20周年において「アメリカの一番長い戦争（アフガニスタンでのアメリカ軍の駐留）」を終了することができたというメッセージを国際社会に送った。しかし，同じ国連安全保障理事会の常任理事国である中国とロシアはタリバン政権に対して外交的な接近を試みている。アメリカ軍がアフガニスタンから撤退するわずか1か月前の2021年7月に行われた中国，ロシア，中央アジア諸国間での外相レベル間の会合では，参加国間でアフガニスタン主導の対話の重要性が強調され，アメリカ軍の排除に対して強い意志を表明した[8]。

　アジアにおける海上の問題に関しては，中国は南シナ海の九段線（Nine-Dash Line）の内側を中国の領海であると長期にわたり主張している。2011年にはインドネシアとフィリピンが，公式に中国の主張に異議を唱えた。2013年フィ

リピンは，海洋法に関する国際連合条約（the United Nations Convention on the Law of the Sea：UNCLOS）に違反するとして中国に対して調停手続きを始めた。2016年UNCLOSの調停委員会はフィリピンの主張を全面的に認め中国の九段線，大陸棚，及び排他的経済水域における自国の領海という主張を却下した。中国が主張する南シナ海の海域は，UNCLOSの領海に関する200カイリ規定を超えているというのが却下の理由であった。中国は，調停の判断は無効であるとした[9]。2021年2月中国政府は南シナ海の沿岸警備隊を武装させることを合法化し，同海における中国船舶の威嚇行為は続いている。

　そして本書を執筆中の現在（2024年），中東地域においてはイスラエルとパレスチナの武装集団ハマスにおける戦闘は激化している。ハマスが駐留しているガザ地区はイスラエル軍からの攻撃によって深刻な人道危機に瀕している。国連安全保障理事会において人道上の理由により一時休戦が強く要求されるも，常任理事国アメリカの拒否権によって採択がされないことも見受けられた。イスラエルは継続的に同盟国アメリカから軍事支援を受けており，ハマスもイランからの支援を受けている。よってこのイスラエルとハマスの戦争は，アメリカとイランの代理戦争という様相を呈している。

　以上のアジアでのミャンマー，アフガニスタン，南シナ海，そして中東でのケースを見ても国連安全保障理事会の常任理事国の数か国は，国際安全保障の維持という目的をもって国連内で先導的な役割を果たしているとは言えない。言い換えると，超大国や大国は国際平和を構築するというよりも自らのリアリズムに傾倒し，その結果，安全保障理事会が麻痺している状況である。このような状況下においてミドルパワーが大国にとって代わって平和維持，平和創造，平和構築において主導権を握るべきである。

８－３－２　大国主導による強制的な紛争解決手段の限界

　過去において大国主導によるいくつかの「強制的な」紛争解決手段は国連PKOによって試行され実行されてきた。そのようなPKOの歴史を振り返ると，「強制的」で「戦闘力の強い」PKOはマンデートを成功裏に履行することがで

きずに，むしろ大きな人道被害を被る結果に終結することが多い。

1960 年アフリカのコンゴ（現在はコンゴ民主共和国）での国内紛争において，ウ・タント（U Thant）事務総長は，アメリカを含む大国から多大な影響を受けカタンガ州の分離独立を取り締まるためには，武力行使が最善の方法であると考えた。そこでその当時展開していた国連 PKO であるコンゴ派遣国連軍（the UN Operation in the Congo：ONUC，以下 ONUC とする）は，平和維持というよりは平和執行部隊（peace enforcement）を展開し，カタンガ州の活動の自由を回復させるために現地武装勢力が設置した路上バリケード等に対して武力で対抗した。現地憲兵隊とも小戦闘の状態になり，1961 年 12 月 ONUC はついに大規模な戦闘部隊へと発展した。一方で ONUC は，コンゴ内の外国人部隊の撤退を監視し，カタンガ州の分離独立運動を終結させるという当初のマンデートを実行した。しかし他方では，ONUC はその平和執行部隊という性格上 250 名もの国連死亡者を記録し，これは冷戦時代の国連 PKO の中では最悪の記録となった。そして ONUC で受けた厳しい教訓から国連が次の PKO をアフリカで展開させる決定をするまでに 30 年もの月日を要することになった。この ONUC での平和執行部隊の結果，国連は著しくその評判を失墜させてしまったのである[10]。

ポスト冷戦期において，とりわけ 1990 年代と 2000 年代には増加する国内紛争が益々反人道化してきたことにより，ほとんどの国連 PKO は国連憲章の第 7 章，すなわち「平和に対する脅威，平和の破壊及び侵略行使に関する行動」のもとに展開されることとなった。そのような強健な PKO ミッションの中でもアメリカは 1990 年代初頭においてアフリカ・ソマリアの国連 PKO である第 2 次国連ソマリア活動（the UN Operation in Somalia II：UNOSOM II，以下 UNOSOM II とする）に軍を派遣するなど深く関与していた。アメリカ政府の当初の楽観的な見方とは反対に，特別奇襲隊（Ranger）を含む 3,000 名のアメリカ軍部隊は，アイディード将軍（General Aideed）率いる武装勢力に惨敗した。とりわけ 1993 年 10 月 3 日には 18 名のアメリカの特別奇襲隊がソマリアの首都モガデシオにて，アイディード将軍率いる民兵に激しい戦闘の末に殺害

第8章 PKO におけるミドルパワーの課題 ○── 145

された[11]。そしてアメリカ国民からの強い圧力と要望によりアメリカ政府は
UNOSOM II のマンデートを実行することなくアメリカ軍をソマリアから撤退
させることを決定した[12]。この UNOSOM II の完全な失敗により，国連によ
る平和執行部隊の構想は深刻な再考を余儀なくされた。そしてアメリカ政府も
今後国連 PKO に軍を派遣することにはより慎重になることを表明した。国連
は平和執行部隊を安易に採用したことにより，「国連は，武力を多く行使しす
ぎるか，行使しなさすぎるか，強健になりすぎるか，消極的になりすぎるか」
というように，その一貫性の欠如を批判されることとなった[13]。

　さらに，アメリカそしてその後は北大西洋条約機構（North Atlantic Treaty
Organization：NATO）主導のアフガニスタンで展開していた国際治安支援部隊
（International Security Assistance Force：ISAF, 以下 ISAF とする）は，大国主導
の治安維持そして安定化ミッションが効果的に機能しない傾向にあるという
ことを示唆した典型的なミッションである。ISAF は，ポスト冷戦期において
2001 年 12 月に国連安全保障理事会決議 1386 (2001) に基づき，ボン合意に従
って設立され，アフガニスタンの安定を目的とした最大の国際治安部隊であ
る。2010 年までには，アメリカ軍が ISAF 軍の大多数を占めるようになった。
ISAF はピーク時にはおよそ 130,000 人の要員と 42 か国の派遣国から構成され
た。その加盟国には 30 か国の NATO 加盟国が含まれた。実際にアメリカの
みならず多くの NATO 加盟国が，主要な海外派遣部隊を国連 PKO から ISAF
へと移行させている。例えば，ポーランドは 1996 年 12 月には 1,097 名もの部
隊を国連 PKO に派遣していたが，2011 年 10 月には国連 PKO には 1 名の兵
士も派遣せず，その代わりに 2,580 名もの要員を ISAF に派遣している。同様
にルーマニアも 1996 年 12 月には 836 名の要員を国連 PKO に派遣していたが，
2011 年 12 月には，国連 PKO への派遣数はゼロであり，ISAF には 1,947 名の
要員を派遣している[14]。しかしながら ISAF のアフガニスタンへの絶えるこ
とない貢献にもかかわらず，2014 年 12 月 ISAF 全部隊はアフガニスタンの安
定という目的を遂行せずに撤退したのであった。その後 ISAF という枠を超え
てアメリカと他数十ヶ国の部隊がアフガニスタンに独立した部隊として駐留し

続けた。しかし即席爆発装置（improvised explosive device：IED）によってアメリカとその同盟NATO諸国からの部隊が多くの深刻な被害を受けるようになり，2021年8月最後の部隊のアメリカ部隊がアフガニスタンから完全に撤退をした。その直後にイスラム原理勢力のタリバン政権が大規模な軍事力と共にアフガニスタン全土を支配し現在に至っている。

　以上のように，アフリカ・コンゴのONUC，ソマリアのUNOSOM II，そしてアフガニスタンのISAFのケースを見ても，大国主導の強健な国連PKO，そして治安回復のためのミッションにおいて成功例は見られない。平和執行部隊や安定化ミッション等の強健な平和活動は，特定の状況においてかつ短期間で行われるものでなければ大きな成果は表れないのではなかろうか。強制的な手段ではなく，より平和的な手段で，国際社会から広く正当性を得られる活動の方がより大きな支持を受け，結果的には大きな効果が得られると考える。そのような活動には，大国の精錬された高性能の軍事装備は必ずしも必要ではないと考えられる。

　一方ミドルパワーは，信頼醸成を勝ち得る手段，そして多国間主義を重視することによる紛争の軽減を好む。そしてそれはPKOの3原則である「合意」「中立」「最小限の武装」を基本とした持続可能な長期的な展望に立つ必要があろう。外部からの介入に強健な部分も必要であろう。しかし，それが活動の主役にならないのが望ましい。そうであればミドルパワーの役割やリーダシップが期待されるのである。

8－3－3　1956年の「スエズ危機」の状況との類似性

　特筆すべきことに，現在の国際安全保障と国際政治の状況は1956年の「スエズ危機」の状況に類似している。それは国連安全保障理事会が麻痺しているという点である。「スエズ危機」においては，エジプトのアブデル・ナセル（Abdel Nasser）大統領がスエズ運河の国有化宣言をした後に，それに反対する安全保障理事会常任理事国であるイギリスとフランスがイスラエルと共謀してエジプトを侵略したのである。国際安全保障において指導的な立場にある国が

自ら戦争を開始したのである。その当時，アメリカもその侵略者に対して自国の兵士を投入することに消極的であり，ソ連もまたそのような紛争に介入する準備ができていなかった[15]。そのような状況の中で国際社会は常任理事国に頼るのではなく，代替的な紛争解決手段を模索する必要性が求められた。それは大国主導の集団安全保障体制よりも中小国を主導とした中立性や公正性を備えた紛争解決システムの構築であった。このようにして設立された最初の国連維持軍である第一次国連緊急隊（UNEFI）は，カナダのレスター・ピアソン（Lester Pearson）外相とスウェーデン出身のダグ・ハマショールド（Dag Hammarskjold）国連事務総長という中堅国出身のリーダーたちであった。1956年11月7日機能麻痺した安全保障理事会に代わって，国連総会が決議1001を採択してスエズ危機における敵対行為の停止を監視するUNEFIを設立した。決議1001は迅速な停戦を要求し，すべての関係国家が軍事活動を慎むことを推奨した。このUNEFIの駐留がなければイギリスとフランスは，大国としてのプライドがあるゆえに，その決議に従いスエズ地域から撤退はしなかったであろう。UNEFIは，「大国の顔を立てる」手段でもあった。アメリカもまたスエズ危機におけるピアソンとハマショールドの偉業に対して熱狂的に支持をしたのである。例えばアメリカのアイゼンハウアー（Eisenhower）大統領は，とりわけハマショールド国連事務総長に最大限の賛辞を表した。1956年11月14日の記者会見において彼は，国際社会はハマショールド事務総長のリーダーシップの下で行われているスエズ危機においての交渉に対しては邪魔をすることを決してすべきでないと述べている[16]。

　モナ・ガリ（Mona Ghali）は，UNEFIの斬新さを鑑みるとこのUNEFIに対して国際社会が熱狂的な支持を送ったのは驚くに値しないと記述している。UNEFIの要員派遣要請に対して，22か国からその兵士派遣希望の申し出があり，ハマショールド事務総長は10か国を選んだ[17]。その10か国[18]は現在でいう中堅国家（ミドルパワー）であった。

　現在の国際安全保障の状況を鑑みると，アジアでは，中東イスラエルとハマスの戦争，ミャンマーでの少数民族への弾圧による国内紛争，中国が関与する

南シナ海の領海の問題，アメリカの撤退後のアフガニスタンでのタリバン政府の反人権政策，そしてアジアを離れればウクライナ・ロシアの戦争等，常任理事国関与の紛争が多い。これは同じく安全保障理事会の機能が麻痺している1956年のスエズ危機の時と状況が重なっている。このような現在の状況下において，ミドルパワーの紛争地域における積極的な関与とリーダーシップに期待が寄せられるべきである。そしてスエズ危機の際のように斬新的な紛争解決手段が構築され導入されることが期待される。

8－4　ミドルパワーによって何が構築されるべきか

8－4－1　ミャンマー等における国連モニタリング（監視追跡）・ミッション（UN Monitoring Mission）

　従来の国連PKOにおいては，1つのPKOの中で平和維持軍（Peacekeeping Force：PKF）とは別に，監視ミッション（UN Observer Mission）がある。また中東で行われている国連休戦監視機構（UN Truce Supervision Organization：UNTSO）も，第4次中東戦争後の休戦協定を監視する目的で設立され現在もシナイ半島において展開中である。上記のミッションは大規模な戦争や紛争が終わり休戦協定が締結したのちに，その安全が維持されている状況を監視することが目的である。しかしミャンマーのように休戦協定が締結されず，絶えず小規模な紛争や少数民族弾圧や反人道行為が行われているところには，単なる監視（observe）や監督（supervise）の行為にはとどまらず，さらに頻繁に積極的な監視（monitor）をする，つまり追跡するようなミッションが必要である。

　このような追跡レベルでのモニタリング・ミッションは，ヨーロッパ連合（EU）ではすでに実施されている。それはEU Monitoring Mission（EUMM，以下EUMMとする）と呼ばれている。最初のEUMMは，1991年に旧ユーゴスラビアで始められた。（その当時はEuropean Community Monitor Mission：ECMMと呼ばれた）それ以来EUMMは，ジョージア，ウクライナなど他の地域でも成功を収めた。

旧ユーゴスラビアの ECMM のケースでは，まず基本合意書（Memorandum of Understanding：MoU）が EC と受け入れ政府との間で締結された。基本合意書には，ECMM の法律上の地位，行動責任の範囲，旧ユーゴスラビア各共和国の任務の割り当て等が明細に取り決められていた。ECMM の任務は，政治的，軍事的，および人道的な状況の詳細な監視（追跡），ブリオニ合意（Brioni Agreement）[19] 違反の調査及び報告等であった。ECMM は 200 名の軍事将校，外交官，および EC から派遣された文民スタッフから構成された。彼らは全員非武装であった[20]。国連 PKO の通常の監視団（Observer Mission）は全員軍事要員であるが，ECMM では文民も含まれていた。ECMM は，国連 PKO と同様に徹底した中立性の維持が要求されていた。

ジョージアでの EUMM は，安全保障理事会の常任理事国であるロシアが関わった紛争に関する監視ミッションである。EUMM ジョージアは，2008 年 10 月 1 日より展開された。その目的は，アブハジアと南オセチアの領土をめぐってジョージア軍とロシア軍との間で繰り広げられた紛争および緊張状況を安定化させることに貢献することであった。2008 年 8 月 12 日にフランスのサルコジ大統領とロシアのメドベージェフ大統領との間で「6 項目の和平案」が取り交わされ，その 1 項目に「ロシア軍は開戦前の場所まで撤退する」というものがあった[21]。200 名からなる EUMM ジョージアの主な任務は，地域の安定化・正常化の構築であり，国内避難民や難民の帰還も含まれた[22]。特筆すべきことに，すべての EU 加盟国がこの EUMM ジョージアに参加しており，これは大国やミドルパワーのみならず小規模国家も含まれている。

それゆえアジアにおいても同様なモニタリング・ミッション（Asian Monitoring Missions）が地域のミドルパワーを主導に構築されることは大いに可能であろう。例えば，国連においてミャンマーでのモニタリング・ミッションを設立するためには，まず国連とミャンマーの軍事政権との間で基本合意を取り交わし，the Asian Monitoring Mission Myanmar：AMM Myanmar に関する主要業務を明記する。それはミャンマーの政治的，軍事的，人道的状況の監視及び報告業務，およびロヒンギャ難民の帰還の促進等の安定化業務等にな

ると考えられる。AMM Myanmar は，アジアのミドルパワーを中心とした国から要員を派遣すべきであろう。具体的には ASEAN 諸国，中東諸国，インド，パキスタン等の南アジア諸国，韓国，日本等の極東諸国である。とりわけ日本は，ミャンマーの軍事政権と首脳者間で会談できる数少ない国家の一つであり，日本の大きな役割が期待される。ミャンマー政府は，自身の政治的な正当性をアジア地域で勝ち得たいがためにそのようなアジア諸国主導のモニタリング・ミッションを受け入れるであろう。

　旧ユーゴスラビアの ECMM の司令官であったアイルランド陸軍大佐のコルム・ドイル（Colm Doyle）は，EUMM のようなモニタリング・ミッションが更なる効力を発揮するには，EU のような機構本部との密な連絡が必要である。彼の経験によるとミッションのあり方は，EUMM の司令官のリーダーシップに多くを依存している状況にあるという。そしてそのような司令官の任務は 6 か月ごとに入れ替わってしまうことが大きな課題であるという。要員派遣国によってその紛争地域における政策は変わってしまうことがあるゆえに，本部の一貫した政策を打ち出すのが必要であり，それがアジアにおけるモニタリング・ミッションの課題にもなるであろうとのことである[23]。

　実際に，2018 年 10 月 28 日から 31 日の短期間において，EU からの専門家から構成されるモニタリング・ミッションの一行が，ミャンマーにおいての人権や労働の権利に関する問題の調査を実施している[24]。このような EU 諸国と連絡を密にしてアジアでのモニタリング・ミッションがミドルパワーの先導によって実践されることが期待される。

8−4−2　南シナ海等における海洋 PKO（Ocean Peacekeeping Operations：OPK）

　南シナ海は，地政学的にも経済的にもアジア諸国だけでなく国際社会全体においてとても重要である。南シナ海を利用する世界の貿易高は年間約 53 億ドルに上り，これは世界の海洋貿易全体の約 3 分の 1 をも占める。それ故この南シナ海での国家間の敵対関係による緊張は，世界経済を危機的状況に導く懸念

第8章　PKOにおけるミドルパワーの課題 ◯── 151

をもたらす。例えば，日本が中東から輸入する原油のタンカーが南シナ海を通り日本まで運ばれるという事実を鑑みた場合，日本にとっての南シナ海の安全保障は必要不可欠である。さらに日本は南シナ海の海底に埋蔵されている原油や天然ガスの採掘に参加するために莫大な国家予算を割り当てている。同様に南シナ海は漁業も世界経済において重要な海域である。世界全体の漁業による生産高のおよそ12％が南シナ海によるものである。漁業はとりわけアジア諸国においては食料の安全保障や伝統的な食生活の伝承において重要な役割を果たしている[25]。

　海洋の安全保障に関しては「海洋PKO（Ocean Peacekeeping Operations：OPK，以下OPKとする）」という概念が提唱されている。実際にOPKの基本概念は20年以上も前に形成されている。OPKは，海洋の安定した持続可能な発展のために，その地域の海軍によって実施されうる。OPKは，海洋法に関する国際連合条約（the United Nations Convention on the Law of the Sea：UNCLOS）において要求された責務を果たすべく必要な活動を行う。言い換えると，海洋の秩序を維持し，海域における紛争を予防することを目的として地域における調整を図るのである。OPKは，海上部隊から船舶や航空機を利用して海洋の監視活動を実施する。この活動は漁船を監視するほか，海域からの不法入国，難民，海賊，不審な船舶，他，違法活動の監視まで活動を展開させる。そのような活動によってOPKは，海洋における地域紛争の予防に貢献しうるのである。

　この点においてアジアの数か国においては，すでに南シナ海のOPKに海上部隊を提供しうる準備が整いつつある。例えば，日本の海上自衛隊は，アフリカのジプチのエデン湾に，海賊対策任務の沿岸警備隊として護衛船を駐留させている。日本の海上自衛隊はジプチに向かう途中にも南シナ海を通過しており，今後南シナ海のOPKの設立に先導的な立場をとることができよう。

　またイスラエルとの国境沿いのレバノン南部に展開している国連PKOである国連レバノン暫定軍（UNIFIL）においては2006年より海上機動部隊（Maritime Task Force：MTF，以下MTFとする）が配備されている。MTFは，

レバノンの領海を監視し，無許可の武装グループの進入を防ぐことによってレバノン海軍の支援を続けている。UNIFIL の要員派遣国の中の 15 か国が MTF に参加している。その国はドイツ，フランス，イタリア，ベルギー，オランダのようなヨーロッパからの国家が多いが，アジアからはバングラデシュやインドネシアの 2 か国が参加している（本書第 5 章を参照）。よって先述した日本に加えてバングラデシュ，インドネシアの 3 国が，ヨーロッパ諸国からの支援を受けて南シナ海に OPK を設立する働きをかけることが期待される。アジアのミドルパワーによる OPK は，南シナ海において威圧し続ける中国船舶に対して大きな影響を与えうる。

8−5 結 論

　本章はまずミドルパワーの伝統的な定義について紹介した。クーパーが 1990 年代に提唱したミドルパワーの「ニッチな外交」という定義は現在においても適用されていると考える。またウッドによって定義された 1）地域やサブリージョンのリーダー，2）機能的なリーダー，3）安定供給国，4）ただ乗り，あるいは地位の追求者，5）善良な多国間主義者というミドルパワーの 5 つの役割もいまだに大いに適切で妥当性がある。ミドルパワーは，信頼醸成を勝ち得る手段，そして多国間主義を重視することによっての紛争の軽減を好む。

　ミドルパワーの平和維持や平和創造における主導的な役割は国際社会において益々期待されている。これは主に大国そして超大国が主導している国連安全保障理事会の行き詰まりが大きな理由である。この傾向はアジアでは特に顕著である。ミャンマー，アフガニスタン，南シナ海，そして中東をみても安全保障理事会は消極的であり，その常任理事国までもが国際法上違法な状況で地域の紛争や戦争に関わっている。（アジアの外を見てもウクライナ戦争におけるロシアの存在も典型である）本章では，現在のアジアの状況は，南シナ海にしても中東にしても，1956 年のスエズ危機の際の状況に類似していると論じている。この危機の際に，ミドルパワー出身の 2 人の政治家たちが新たな紛争解決手段を

考案した。それが国連平和維持軍であり，国連PKOの最も主流の活動である。彼らのイノベーションは，その後の紛争解決の新しいシステムを構築させた。それゆえ現在においてもアジアのミドルパワーからのリーダーたちが新たな紛争解決のメカニズムを考案すべく，一歩前進することを大いに期待する。本章では2つのタイプの新しい平和活動を提案した。それはミャンマー等におけるモニタリング・ミッションと，南シナ海等におけるOPKである。モニタリング・ミッションは，オブザーバー・ミッションよりもさらに活動的なミッションであり，軍人だけでなく人権専門家等の文民と共にチームを組んでいくというものである。主にEUではすでに実践されており，これをアジアでしかも国連の傘下で実施すべきであろう。OPKも同様に類似したミッションがレバノン（UNIFIL）で行われている。UNIFILのような大型の総合的なミッションの傘下に入るのではなく，OPKという独立した一つの国連PKOとして構築すべきであろう。

　国際社会は過去の教訓から学ぶべきであり，現在のアジアの危機は，過去の歴史的な危機をどう解決したかという教訓から学ばれるべきである。ミドルパワーが国連PKOをはじめとした紛争解決の主導的な立場をとるだけではなく，新たな紛争解決のシステムを構築することも期待される。

【注】

1 ）Andrew Cooper "Niche Diplomacy: A Conceptual Overview", in Andrew Cooper (ed.) *Niche Diplomacy: Middle Powers after the Cold War* (London: Macmillan, 1997), pp. 4-5

2 ）Quoted from Allan Patience "Imagining middle powers", *Australian Journal of International Affairs*, Vol.68, No.2, 2014, p. 214

3 ）Quoted from Jeffrey Robertson "Middle-power definitions: confusion reigns supreme", *Australian Journal of International Affairs*, Vol.71, No.4, 2017, p. 360

4 ）Hakan Edstrom and Jacob Westberg, "The defense strategies of middle powers: Competing for security, influence and status in an era of unipolar demise", *Comparative Strategy*, Vol.39, No.2, 2020, p. 184

5 ）https://www.britannia.com/topic/middle-power. Accessed on 11 May 2021

6 ）Gordon D. "Canada as Peacekeeper" in Granatstein J. L. (ed.) *Canadian Foreign*

Policy Since 1945: Middle Power or Satellite? (Toronto: Copp Clark, 1973), pp. 155-156

7) *The Japan News*, 20 February 2021

8) *The Yomiuri Shimbun*, 3 August 2021

9) Mikio Hoshino "A Discussion on the South China Sea Arbitration by the Permanent Court of Arbitration", *Bulletin of Niigata Sangyo University, Faculty of Economics*, No.48, January 2017, pp. 1-19

10) William Durch "The UN Operation in the Congo: 1960-1964" in William Durch (ed.) *The Evolution of UN Peacekeeping* (New York: St. Martin's Press, 1993), pp. 346-348

11) 石塚勝美『ケースで学ぶ国連平和維持活動』創成社　2017 年　p. 42

12) Donald C. Daniel "5.The United States" in Trevor Findlay (ed.) *Challenges for the New Peacekeepers* (New York: Oxford University Press, 1996), pp. 93-94

13) George Award "Peacekeeping: An Essential Tool", *New Zealand International Review*, May/June, 1994, p. 24

14) International Institute for Strategic Studies (IISS) *Military Balance 2012*, The Monthly Summary of Troop Contributions to Peacekeeping Operations, as of 31 December 1996, Department of UN Peacekeeping Operations NY

15) Alan James *Politics of Peacekeeping* (London: Chatto and Windus, 1969), p. 2

16) Brian Urquhart *Hammarskjold* (London: The Bodley Head, 1972), p. 194

17) Mona Ghali "United Nations Emergency Force I" in William Durch (ed.) *The Evolution of UN Peacekeeping* (New York: St. Martin's Press, 1993), p. 116

18) その 10 か国とは，ブラジル，カナダ，コロンビア，デンマーク，フィンランド，インド，インドネシア，ノルウェー，スウェーデン，ユーゴスラビアである。

19) Brioni Agreement とは 1991 年 7 月 7 日に EC の仲介の下でスロベニア，クロアチア，ユーゴスラビアの間で締結された平和協定のこと。

20) Colm Doyle *Witness to War Crimes: The Memoirs of A Peacekeeper in Bosnia* (Barnsley, England: Pen &Sword Books, 2018), p. 14

21) Council of Europe *Handbook for the European Union Monitoring Mission in Georgia, 2009*, p. 11

22) Ibid. p. 12

23) コルム・ドイル大佐とのオンラインインタビュー　2021 年 10 月 27 日

24) European Commission, press release, "Myanmar: EU mission assesses human rights and labor rights situation", 31 October 2018

25) Semiha Karaoglu "The South China Sea dispute and its challenges to Japan's economic interests", an unpublished paper, 31 August 2020, 5 pages

第9章
欧州ミドルパワー・アイルランドの
多国間主義国としての課題

9-1 アイルランドの国連 PKO の派遣国としての記録

　アイルランド共和国（以下アイルランドとする）が他の欧州諸国と比較して，国連 PKO の一貫した要員派遣国であることは良く知られている。ここでは表の数値を使用する。図表 9 - 1 は，主要な欧州諸国（ただし常任理事国のイギリスとフランスは除外）の国連内外の国際平和活動へ派遣した要員数とその国全体の総軍事要員数を表している。その中で次の 2 つの平和活動の積極的な参加を示しうる相対的な数値をあげる。

- その国全体の総軍事要員数から全ての国際平和活動へ派遣した要員数の割合【(d) ／ (e)】
- その国の全ての国際平和活動に派遣した要員数から国連 PKO に派遣した要員数の割合【(a) ／ (d)】

　上記の最初の数値は，各国の軍事兵力の中からどれくらい国際平和活動に割り当てているかという割合で，その国家の貢献度合いを測るものである。次の数値は，国連 PKO のみならず NATO や EU への平和活動を含めた全体の貢献から，国連主導のミッションにどれくらい重きを置いているかについてである。最初の数値は，その国家が平和活動全体にどの程度の貢献をしたのかとい

156 ——○

図表 9 − 1　欧州主要国の平和活動への参加数と総軍事要員数（2021 年 1 月現在）

欧州国家	Jan. 2021						
	国連 PKO (a)	NATO OP (b)	EU OP (C)	総計 (d)	総軍事要員数 (e)	(d) / (e)	(a) / (d)
ポーランド	226	877	39	1,142	114,050	0.01	0.2
フィンランド	217	85	24	326	23,800	0.014	0.67
オーストリア	196	330	309	835	22,050	0.038	0.23
ベルギー	40	122	15	177	25,000	0.005	0.23
ルーマニア	138	852	1	981	68,500	0.014	0.14
アイルランド	**502**	**13**	**25**	**540**	**8,750**	**0.062**	**0.93**
ノルウェー	38	167	0	205	23,500	0.009	0.19
スロバキア	243	214	59	721	15,850	0.045	0.34
ウクライナ	275	53	0	328	209,000	0.002	0.84
ポルトガル	249	189	60	826	27,500	0.03	0.3
ドイツ	492	1,963	51	2,506	183,500	0.014	0.2
スウェーデン	119	17	24	160	14,600	0.011	0.74
デンマーク	21	384	0	405	15,400	0.026	0.05
ハンガリー	23	486	47	555	27,800	0.02	0.04
オランダ	21	433	4	458	33,600	0.014	0.05
ベルギー	0	183	16	199	36,950	0.005	0
イタリア	1,082	1,479	169	2,750	165,500	0.017	0.4
チェコ	21	383	0	404	24,900	0.016	0.05
スペイン	630	544	267	1,441	122,850	0.012	0.44
トルコ	90	911	205	1,206	355,200	0.003	0.07

出所：International Institute for Strategic Studies（IISS）*Military Balance 2021.*[1]

うことであり，次の数値は，国連 PKO を重視しているということで，どれく
らい多国間主義を支持しているかということと考えられよう。アイルランドの
数値は，欧州の主要国家，あるいは欧州のミドルパワーの中でもトップという
ことができる。（それぞれ 0.062 と 0.93）アイルランドは，欧州のミドルパワーの
中でも，国際平和活動に最も熱心で積極的な派遣国と言える。その中でも地域

第9章　欧州ミドルパワー・アイルランドの多国間主義国としての課題 ○── 157

主導の活動よりも国連主導の活動に傾倒していることから多国間主義への協調意欲が強いことがわかり，前述したように，これはミドルパワーの持つ特性が強く表れている。

　一方で，欧州諸国の国連 PKO への消極性と地域機構（EU や NATO）主導の平和活動への傾倒や移行によって国連 PKO の要員欠乏の懸念は，アジアやアフリカ諸国の熱狂的な国連 PKO への参加姿勢によって解消されている。現在国連 PKO への国別要員派遣数のランキングを見ると上位は，ネパール，バングラデシュ，ルワンダ，インド等のアジア・アフリカ諸国で占められている[2]。そのようなアジア・アフリカ諸国は国連 PKO を自国の国際社会における地位を高めるための比較的安価な手段であると捉えている[3]。それゆえアイルランドは，依然大規模な部隊を国連 PKO に派遣しており，欧州の中では例外的なミドルパワーであると言える。

9−2　歴史的分析：アイルランドの多国間主義への熱狂的な支持の背景

　アイルランドの国連 PKO の要員派遣国としての傑出した記録は，その多国間主義に対する熱狂的な伝統と深く関連する。2018 年 5 月 2 日アイルランドの外務大臣であるサイモン・コベニー（Simon Coveney）は，ロイヤルアイリッシュアカデミー（Royal Irish Academy）での演説で，彼は国連や EU における強い多国間主義者であると述べた。国連と EU はアイルランドの外交政策においては二本の支柱に相当するという。そしてコベニー大臣は次のように述べた。

　　「私はこの機会をいただきアイルランドの多国間主義に対する深く，そして恒久的な献身を確認したい。この献身は，世界貿易機関（WTO），経済開発協力機構（OECD），欧州評議会（the Council of Europe），欧州安全保障協力機構（OSCE）のような重要な多国間組織に祖国を加盟させることによって実現できよう。しかしとりわけ我々の強い献身は，長く揺ぎ無い

支持を表している国連と，深く熱狂的な支持を表している EU に捧げられているのである。この両組織こそが世界におけるアイルランドの役割を定義させ形づくっているのだ[4]。」

　コベニー大臣は，多国間主義を通して，確固たる意志をもって国際社会に従事していく理由として，アイルランドのような小国の主権は国際組織の傘下によって高められていくからであると主張した。多国間主義が促進する国際的な法の秩序こそが，アイルランドのような小国が国益を守るためには重要である。それゆえアイルランドは，国連や，特にその国連が導く PKO に 60 年間も参加する伝統を築き上げていくことに大いなる対価を払っているといえよう[5]。次にアイルランドが多国間主義を促進する 2 つの要因を歴史的な見地から論じていく。

９－２－１　国際機関や多国間主義を支持するアイルランドの初期の外交政策

　特筆すべきことに，アイルランドの多国間主義に対する熱狂的な支持は，アイルランドがイギリスから公式に独立する以前から認識された。国際連合の前身である国際連盟の時代には，アイルランドは自由国（The Free State）として同連盟に加盟国として積極的に参加をした。実際にアイルランドは 1922 年に自由国として，設立 1 年以内に国際連盟に加盟する決断をしており，これは，アイルランドがイギリスから独立した外交政策を追求する決意を表している。この第 1 次世界大戦とその終結後の国際連盟の設立期は，アイルランドの独立への革命期と重なる[6]。このことがアイルランドの政治家や外交官を理想主義へと傾倒させ，国際連盟を通して国際紛争を解決させることを望んだのである。マイケル・ケネディー（Michael Kennedy）は，第 1 次世界大戦での荒廃，1916 年のイースター蜂起，その後のアイルランド内戦，1923 年のアイルランド総選挙を経験し，この時代のアイルランドの政治家は非暴力を支持したと論じている。そしてそのような背景で設立された国際連盟に対してアイルランド

第9章　欧州ミドルパワー・アイルランドの多国間主義国としての課題 ○── 159

は，他の欧州諸国と同様な希望を抱き平和と国際協力を推進したとケネディーは述べている[7]。

　アイルランドは，国際連盟において 1930 年 9 月から 1933 年 9 月まで安全保障理事会の理事国となった。理事国としてアイルランドは，1931 年 9 月の日本の満州事変，1932 年 8 月のペルーのコロンビア侵攻，そしてそれに続く 1934 年のペルーに対する武器輸出禁止に対して安全保障理事会での対応に主導権を得た。ケネディーは，1933 年までには国際連盟はアイルランドにとっては必要不可欠な組織となり，理事国としての立場を通して国際連盟内においてリーダーシップを取り様々な意見を提唱していった[8]。アイルランドはそのような活動によって称賛を受け，加盟国はアイルランドが小国ながら重要な加盟国であると認識していった。アイルランドの政策は，加盟国全体に小国の権利や立場を尊重させ，この功績は加盟国内でも認識されていった[9]。

　国際連盟の時代において，アイルランドはショーン・レスター（Sean Lester）やフレデリック・ボーラン（Frederick Boland）のような有能でひたむきな外交官を輩出していたのも幸運であった。彼らは当時の世界の平和と安全を考えるにあたって国や国際社会の利益を守るために国際連盟において積極的で熱狂的な役割を果たそうとしていたのである。

　1937 年にアイルランドは正式にイギリスから独立を勝ち取ったのちに，1955 年 12 月国際連合に加盟した。加盟後においてもアイルランドは国際連盟時と同様に，中国の国連代表問題，中央ヨーロッパやアフリカでの反帝国主義の問題，さらに 1950 年代と 60 年代における核兵器不拡散の問題において傑出かつ独立した政策をとった。ジョゼフ・モリソン・スケリー（Joseph Morrison Skelly）は，この時代のアイルランドの国際紛争問題を緩和させる役割を「国際消防隊（fire-brigade）」と例えた[10]。

　このようなアイルランドの独立以前を含んだ初期の外交政策は，国際連盟や国際連合を最大限に活用した多国間主義の奨励であった。アイルランド独立初期は小国，いわゆるスモールパワーという表現がなされていたが，国連での外交的な活躍を継続することによって，他の欧州諸国と同様にミドルパワーとい

う位置づけを得られることとなった。

9−2−2　多国間主義を奨励する熱狂的なアイルランド人政治家の輩出

　国家の外交政策は，その時代に輩出した特定の個人によって影響されることがある。特に小規模国家やミドルパワーからの政治家たちは，国家の政策の枠組みが固定する傾向のある大国の政治家たちよりも，自国の外交政策に大きな影響を与えることもあり得る。前述したように1956年国連での最初の平和維持軍を提唱したのはミドルパワー出身の二人であった。（カナダのレスター・ピアソン外相とスウェーデン出身のダグ・ハマショールド国連事務総長）同様に1950年代と60年代のアイルランドの外交政策における国連中心主義や多国間主義は，1957年から1969年の長期にわたって外務大臣を務めたフランク・エイケン（Frank Aiken）によって熱狂的に推進されていった。

　エイケンは，正義や法の支配を基盤とした世界秩序を進化していくためには国際連合や国連憲章を支持していくことが，とりわけ大国でない国にとっては，最善の希望であると信じていた。エイケンは，国連の尊厳や権限が現状維持されるだけではなく，高められるべきであると考え，その役割は大国ではなく中小国であると考えた[11]。例えば，1961年当時のハマショールド国連事務総長のアフリカ・コンゴ危機での対応に対して，ソ連が国連事務局をきびしく非難したことに対して，エイケンはソ連に対して批判的な立場をとった。当時ソ連は，国連事務局を現行の事務総長1人体制に代えて，東，西および非同盟諸国の代表からなるいわゆる「トロイカ体制」を主張した。エイケンは，この大国ソ連の提案は，中小国の国益を著しく損ないかねないと国連で反論した[12]。1964年に設立されたキプロス島のPKOである国連キプロス島平和維持軍（UNFICYP）の財政が国連加盟国の自主的な拠出によって賄われることになった際にも，エイケンは，それは国連の集団安全保障の機能が損なわれるとして強く反対の意見を表明した。その結果1965年11月彼は全国連PKOの財政制度の修正を要求する決議草案を国連に提出した。

第 9 章　欧州ミドルパワー・アイルランドの多国間主義国としての課題　○── 161

　このように国際連盟期からアイルランドで支持されてきた国際組織における多国間主義は，1950 年代と 60 年代において新たな国際連合においてフランク・エイケンによって一層強く奨励されていった。このことがアイルランドの国連 PKO への一貫した参加姿勢に大きく影響を与えたのは言うまでもない。

9－3　アイルランドの中立政策

　アイルランド人は，自国を「中立国家」と呼んでいる。アイルランドでは多国間主義は，中立政策を守るための構成要素でもあると専門家は述べている[13]。
　しかしアイルランドの中立国家としての地位は，一定数の学者や政治家からは異議を投げかけられている。例えば，永世中立国と呼ばれているスイスやオーストリアとは異なり，アイルランドは国際法の見地から中立国家と呼ぶのには適していない[14]。一方でアイルランドは経済的には隣国の大国であるイギリスに大きく依存しており，イギリスが 1972 年にヨーロッパ経済共同体（European Economic Community：EEC，以後 EEC とする）に加盟した際にアイルランドも同時に加盟を果たした。高い経済水準を保つことは中立政策を維持するうえでも必要不可欠である。アイルランドは EEC を経て，EU にも加盟している。しかし EEC や EU は一種の同盟国の集合体であり，中立政策の中に組み入れられるのは困難である。他に中立政策を吟味する指標として国連での投票行動があげられる。ノリー・マックイーン（Norrie MacQueen）は，1956 年から 1970 年の間でのアイルランドの国連総会（第 1，第 4，特別委員会）での投票行動を調査した。その結果アイルランドの投票行動は，中立性を示すものではなく，明らかに西側諸国の投票行動と類似していたと結論付けた[15]。
　他方で，アイルランドの中立政策の起源は，自国が長年イギリスからの独立を願っていたという歴史に密接にかかわっている。アイルランドのイギリスからの独立闘争の歴史においては，アイルランドの中立政策は，反英帝国主義の思想と一致していた。アイルランドの中立政策を採ることは，イギリスが関わる戦争に参加する必要性を有しないことを意味した。この点に関して，パト

リック・キーティング（Patrick Keatinge）は次のように論じている。

「実際に，第2次世界大戦中にアイルランドが中立を宣言した際にも，当時のデ・バレラ（dee Valera）政府は，イギリスの国益にある一定の同情を持って行動をし，それゆえ厳密な中立政策を損ねた。しかし1945年までには，アイルランドを大戦の恐怖から守るべく中立政策を成功させることがアイルランドの民衆の中で支持されていったのである[16]。」

　要約するとアイルランドは，経済的に，また外交的においては中立政策を維持することが困難であるが，軍事的には明らかに中立であり，とりわけイギリスが関与した場合での反軍国主義は顕著であった。一方でアイルランドは地理的，および歴史的背景においてはイギリスと協調する運命にあった。他方で，アイルランドの欧州や国際政治での立ち位置は，「イギリスの困難は，アイルランドの好機」という格言を前提とした部分もあったとされている[17]。

　それではイギリスのどのような困難が，アイルランドの好機となり得るのか。典型的なことをあげると，東西冷戦時の国際関係の中でイギリスが，政治的にも軍事的にも中立政策を採るのは極めて困難であった。同様に大国イギリスが，ミドルパワーが大きな価値を置く国連中心の多国間主義を強調することは困難だったはずである。この中立主義や多国間主義をアイルランドが熱狂的に支持していったのは，このように隣国の大国であるイギリスから離れた独自の政策で好機を得ようとしたからである。

　同様に，フィンランドの，隣国の大国ソ連に対する立場や，カナダの，隣国の大国アメリカに対する立場も，アイルランドとイギリスのケースと類似する。事実フィンランドも自国を中立国家と呼び，フィンランドもカナダも，とりわけ初期における国連 PKO への積極的な貢献国であった。

　アイルランドの中立政策は隣国のイギリスの存在と大いに関連しており，その中立主義は強い多国間主義へと導かれていった。国連での多国間主義の典型として国連 PKO への参加があげられる。

第9章　欧州ミドルパワー・アイルランドの多国間主義国としての課題 ○── 163

9－4　ポスト冷戦期におけるアイルランドの PKO と
　　　　多国間主義の政策：国連から EU，NATO へ？

9－4－1　ポスト冷戦期におけるアイルランドと国連

　ポスト冷戦期において国際社会は，政治的には，より不安定で，複雑性を増していった。紛争解決においても，より多様性のある枠組みでの対応が要求された。地域機構における紛争解決の枠組のみならず，国際社会においても国連主導による，より強権的な平和維持活動が要求された。その結果国際社会は，国連に合意，中立，最小限の武装の3原則を重んじる伝統的な PKO よりはむしろ3原則から離れた平和執行部隊の設立を要求した。平和執行部隊は，国連憲章第7章に基づく，より重武装の国連の平和活動である。このような状況下でアイルランド政府は，当時アフリカのソマリアで行われていた平和執行部隊である第2次国連ソマリア活動（UNOSOM II）において国連から輸送部隊の提供の依頼を受け入れた。しかし，当時アイルランド兵士は，国内の法規下では伝統的な3原則を基準とする国連 PKO のみの参加が認められていた。そこで1993年6月にアイルランド議会（Dail）は，1960年防衛改正法を通過させた。議会討論（Dail Debate）の開会演説でデビッド・アンドリューズ（David Andrews）防衛大臣は，アイルランドが国連 PKO に参加しないことになると国連は我々にはほとんど意味のないものになってしまうと述べた。彼は，もしそのようなことになれば，国連においてアイルランドの発言は超大国の発言に吸収され，国連の要請に積極的に応えないことはアイルランドの役割を認識せず，国連での平和執行部隊という新しい役割を支援しないことになると力説した。ミドルパワー中心の伝統的な国連 PKO に代わって，ソマリアや旧ユーゴスラビアでのその大国主導の平和執行部隊へと移行するポスト冷戦期の傾向は，アイルランドのようなミドルパワーに大きな圧力を加えた。アイルランドは国連内での発言力が低下することを恐れた[18]。それゆえこのような状況下での国連平和活動においてアイルランドの多国間主義は，国連での生存戦略の

実践活動となっていった。当時アイルランドの全国紙 *Irish Independence* は，このアイルランドの平和執行部隊への移行は過去何十年もの中でアイルランドの防衛政策の中で最大の変化であると論じた[19]。それにもかかわらず議会では，平和執行部隊とアイルランドの軍事的な中立政策の関連性に関しての積極的な論争はなされなかったのである。この件に関して前述のキーティングは，次のように批評している。

　「このことがまさに問題なのである。アイルランドではそのような論争はなされない傾向にある。私の意見として，このような問題は，道理をわきまえ，かつ客観的に議論されるべきであった。しかし彼らがそうしなかったことに何ら驚くことはない。なぜなら，ここでの中立主義は，操作され，利用され，そしてしばしば政治家によって敵対する政党に対抗する媒体として乱用されてしまうのである[20]。」

　アイルランドの国連 PKO における多国間主義は，政府刊行の公文書や冊子等にも一貫して奨励されている。外務省刊行の『地球の島：変わりゆく世界におけるアイルランドの外交政策（*The Global Island: Ireland's Foreign Policy for a Changing World*, 以下 *The Global Island* とする)』においては「国連 PKO への献身」がアイルランドの外交政策の5本の柱の1つとなっている[21]。アイルランドにとって国連は 1955 年以来，その地球規模の取り組みの「土台（cornerstone)」[22] となっている。アイルランド軍による国連 PKO への積極的な参加は，アイルランドの国民やメディアから国家的なプライドとして大きな評価を受けている。

9－4－2　ポスト冷戦期におけるアイルランドと EU
　アイルランド国内において国家の中立政策が認知されるのに従い，EU に対する国民の認識は，国連に対するそれと比較すると希薄であると認めざるを得ない。アイルランド政府は，実際には国連と EU に対する優劣を比較することはない。言い換えると，政府は，アイルランドの EU 加盟において自国の中立

政策を明確に定義してこなかった。その影響はアイルランドの EU 内の条約批准の際に顕著に表れた。EU のニース条約（the Nice Treaty, 2001–02 年）やリスボン条約（2008 年）の批准の際には，2 度目の国民投票でようやく批准されたという経緯がある。つまり国民レベルにおいては，アイルランドは中立国家なのだから EU のような同盟や連合組織には加わるべきでないという根強い意見が一定数存在するということである。

　以上のようなことから教訓を得たアイルランド政府は，EU に対してより積極的な支援を国民にアピールすることになった。例えば前述した *The Global Island* では，国連よりも EU に関する記述により多くのスペースを費やしている。例えば，国連 PKO に関しては，アイルランドは過去 86 名の殉職者を出しているのにもかかわらず，継続的に国連 PKO に参加しており，国際安全保障の様相の変化に伴い，その派遣内容も臨機応変に変化を遂げていると簡潔に記述しているのにとどまっている。その一方で，EU 主導の平和活動には，より多くの記述がなされている。そこでは国連同様に欧州の枠組みでの PKO にアイルランドが参加する必要性に関して次のように訴えている。

　　　「近年において国連が国際の平和と安全を維持する努力として最も顕著な変化の一つとして，国連が間接的に管理しながらも，EU やアフリカ連合（the African Union：AU）や北大西洋条約機構（the North Atlantic Treaty Organization：NATO）の枠組みでの活動にゆだねることである[23]。」

　さらに *The Global Island* では，国連 PKO にも EU 加盟国が積極的に参加することを奨励している。EU 共通安全防衛政策（the Common Security and Defence Policy：CSDP）では，EU 外の地域においても危機管理活動を実行するための活動能力を備えていると明記しているからである。そこでは EU は，国連では提供できないような資源を迅速に提供しうるとして，アイルランドがそのような EU 主導の国連 PKO に参加することに大いなる価値を見出し，それがアイルランドの外交政策の鍵になるのである。*The Global Island* は危機管

理の領域のなかで，この EU と国連の協調体制を築くことが，効果的な多国間
主義を強化するうえで重要であると結論付けている[24]。

2017 年 12 月アイルランドは，EU 主導の常設軍事協力枠組み（Permanent
Structured Cooperation：PESCO，以下 PESCO とする）に加盟した。PESCO は，
出資や能力開発，および加盟国間の運用上の即応体制の調整と協働を向上させ
ることによって効率化を図り，より多くの成果を出すことに貢献する施策であ
る[25]。2019 年のアイルランドの防衛白書（the White Paper on Defence, 2019）に
よると，PESCO への参加は，アイルランドの国連 PKO の参加の際の軍事能
力を向上させ，EU 加盟国と共に取り組むことによって，他国との相互運用能
力を高め，最新の軍事装備や最良の訓練を得ることができるという[26]。

ダブリン市立大学（Dublin City University）のコーネリア・アルドリアナ・
バシウ（Cornelia-Ardriana Baciu）は，1998 年から 2018 年までの全アイルラン
ド議会（Dail Eireann Debate, Seanad Eireann Debate, Committee Debate）を調べ，
EU と国連という言葉が議会の発言の中でどれくらいの頻度で使われているか
を分析した。その結果，2003 年（イラク戦争が行われていた年）を例外としてそ
のほかの年は一貫して，EU という言葉が国連よりも頻繁に使用されたことが
明らかになった。特に 2001 年（ニース条約批准），2008 年（リスボン条約批准），
2017 年（PESCO 加盟）ではその差は歴然としていた[27]。そして徐々にアイル
ランド国民は，アイルランドの EU 加盟や，EU の体系に自国が深く組み入れ
られることが，アイルランドの中立政策と両立しうると考えることとなった。
実際に，2017 年の世論調査によると，69％の国民が EU の共通外交政策を支
持しており，この数値は EU の平均を 4％上回った。

またそれ以前の 2008 年よりアイルランドは EU 主導の軍事待機軍 EU Battle-
groups に参加している。EU Battlegroups は，1,500 名の兵力で構成され，世
界中の紛争やその潜在的な危機を抱える地域に派遣されうる。その EU Battle-
groups の中でも，アイルランドは 2006 年にはイギリス主導の Battlegroup，
2008 年，2011 年，2015 年 に は the Nordic Battlegroup，2012 年，2016 年，
2020 年にはドイツ主導の Battlegroup に参加した。アイルランドは，国連

第9章　欧州ミドルパワー・アイルランドの多国間主義国としての課題 ○── 167

PKO において信頼されるべき軍事能力の提供者としての評判を高めるために
このような Battlegroup への参加を支持しているという[28]。野党政党から将来
アイルランドが「戦闘（battle）」に駆り出されるのではないかという懸念に対
して，政府はアイルランドの海外派兵の活動は，いわゆる 3 つの鍵，いわゆる
「トリプル・ロック（the Triple Lock）」によって保障されているという。その 3
つ（トリプル）の鍵とは「アイルランド政府の決断」「アイルランド議会の承認」
「国連の委任」であり，この 3 つが保証されないかぎりアイルランド兵の海外
派遣はできないというものである。

　このようにアイルランドは，EU に加盟し，その軍事装備や訓練，そして待
機軍への参加をしており，国連という枠組み以外のところに深く浸透してい
る。しかしアイルランドは欧州の中の 1 か国でその地域のほとんどの国が EU
に加盟しており，さらにその EU の軍事的な体系に積極的に入っていくこの究
極的な目的も「国連 PKO に参加する際において自国を高めるため」と明記し
ているのは特筆すべきである。

9－4－3　ポスト冷戦期におけるアイルランドと NATO

　EU のほかに欧州内における大きな地域枠組みは NATO（北大西洋条約機
構）である。これは当初はアメリカと西ヨーロッパ諸国で結成された旧ソ連と
敵対した軍事同盟である。このようにイデオロギー対立の背景で設立された
NATO とアイルランドの政治的，軍事的中立主義は相容れることができない。
よってアイルランドはこの NATO の加盟に対しては一貫して反対の立場を貫
いている。しかしながら，このことはアイルランドが NATO の安全保障体制
に全く関与していないということではない。アイルランドは，NATO の持つ
軍事的能力や強みは，EU や国連以上であるということを認め，1999 年から
NATO の「平和へのパートナーシッププログラム（Partnership for Peace：PfP，
以下 PfP とする）に参加している。このことはアイルランドが将来においては
NATO に加盟する潜在性も示唆している。PfP は，1994 年 1 月に NATO ブリ
ュッセル・サミットにおいて設立された。その目的はポスト冷戦期に入り，実

践的な軍事研修や訓練を通して，旧共産圏であった中央・東ヨーロッパとの関係向上を図るというものであった。アイルランドにとって PfP に参加することは，自国の軍が相互運用能力を向上させることによって NATO の装備や基準を吸収していけることと期待された。具体的には，軍事における指揮，統制，通信，機密情報等の能力の向上が目的であった。この背景には国際 PKO の形態の進化を鑑み，PfP において他の伝統的 NATO 諸国だけでなくスウェーデン，フィンランド，オーストリア等の国連 PKO の「常連国」と共に PfP で活動していくことによって，今後も PKO 貢献国としての高い地位を維持していくという目的もあった。

　さらにアイルランドが PfP に参加しなければならない本質的な必要性は自国の PKO 政策の向上であった。それはアイルランドが熱望している EU での枠組みでの PKO の参加計画の遂行が，PfP の計画・評価方法プログラム（Planning and Review Process：PARP）を通して行われるからである[29]。NATO 傘下の PfP の参加とアイルランドの中立政策との関係に関しては，アイルランドの防衛白書では，PfP の参加は NATO の加盟やほかの防衛関連の相互責任を意味するのではなく，よってアイルランドの中立政策に何ら影響を与えないとしている[30]。

　1997 年アイルランドは，NATO 主導でボスニア・ヘルツェゴヴィナに展開した平和安定化部隊（Stabilization Force：SFOR，以下 SFOR とする）に要員を派遣した。同様にコソボにも 1999 年コソボ治安維持部隊（Kosovo Force：KFOR，以下 KFOR とする）にもアイルランド兵が駐留した。アイルランド兵のこの 2 つの活動規模は，国連 PKO と比べるとごく少数であった。これは中立主義との関係でなく，NATO 主導の平和活動を行うための軍事装備（装甲兵員輸送車等）の不足や財政問題が関係していた。

9-5 結論：多国間主義を支持するミドルパワー・アイルランドの評価と課題

　国家としての独立以前よりアイルランドは国際連盟の時代において活発な外交を展開していた。国際連盟の時代の傑出したアイルランド外交官という財産と共に，アイルランドは多国間主義を熱望する政治家たちと共に国際連合を支持していった。アイルランドの国連 PKO への一貫性のある積極的な参加はその象徴である。また図表 9 - 1 のようにアイルランドは，全体の総軍事要員数から全ての国際平和活動へ派遣した要員数の割合や，EU や NATO 主導のものを含めた全ての国際平和活動に派遣した要員数から国連 PKO に派遣した要員数の割合をみても他のヨーロッパ諸国と比較しても傑出している。これはアイルランドが国連 PKO をはじめとする国際平和を願う利他的な活動を積極的に行っているだけでなく，国連を通しての多国間主義を支持している所以である。これは国際社会におけるミドルパワーとしてのアイルランドを正当化するとも言えよう。

　アイルランドの多国間主義は，歴史的にはイギリスとの外交的な関係における生き残り，また国連加盟後には国連を支え，そして国連を最大限に活用したいという願望に由来する。よってアイルランドの中立政策と多国間主義はお互いが必要とするものであった。しかしながらアイルランドの中立主義は，柔軟的な，または実用的な政策によって疑問視されている。アイルランドの中立政策は今でも政府公文書や政治家の発言によって支持され正当化されている一方で，アイルランドの EU の Battlegroup や NATO の PfP に参加していることに違和感を与える。

　しかし EU や NATO は，アイルランドにとっての「最終目的」ではなく，むしろ国連 PKO において最大限自らを高めるためのプロセスとして考えているのではなかろうか。本書を執筆している現在欧州においても戦争（ロシアとウクライナ）が継続されている。アイルランドと同様にフィンランドやスウェー

デンもかつて自国を中立国と称していた。そのフィンランドは現在の欧州の危機的状況を鑑み，2023 年 4 月に，スウェーデンも 2024 年 3 月に NATO に正式に加盟している。その両国は NATO に加盟しても伝統的な多国間主義を尊重し続けるであろう。その中でアイルランドは，地理的には欧州の西端にあるものの，NATO には断固加盟せず，敢えて欧州の中では国連 PKO に傾倒し続ける国家である。欧州の中では傑出した多国間主義国家である。

　ミドルパワーとしての多国間主義国家アイルランドの課題はむしろ逆であろう。アイルランドは十分な国連 PKO への輝かしい記録を持ち，現在もそれを維持している欧州では稀有な国家であることは明白である。しかしその記録やミドルパワーの地位を維持する点には軍事装備や指揮・統制・通信・機密情報収集能力，さらには財政面で一層の向上が必要になってくるであろう。EU やNATO 主導の平和活動への参加数が少ないのは，国連 PKO を優先した結果，国連 PKO に派遣する兵力が相対的に多いために，そのような地域機構のミッションには多く送れないという事情がある。しかしそれでだけではないと考えられる。今述べたようなアイルランド軍のクオリティーにおけるキャパシティーの向上が必要になってくるであろう。その課題を解決しつつ国連での積極的な活動国家としての活躍が望まれる。

【注】
1）ただし図表内の相対的な数値は筆者が計算
2）Uniformed Personnel Contributing Countries by Ranking, As of 32 August 2024, UN peacekeeping operations Home Page.
3）Alex J. Bellamy and Paul D. Williams "Introduction: The Politics and Challenges of Providing Peacekeepers" in Alex J. Bellamy and Paul D. Williams (eds.) *Providing Peacekeepers: The Politics, Challenges, and Future of United Nations Peacekeeping Contributions* (Oxford: Oxford University Press, 2013), p. 5
4）Speech by the Minister for Foreign Affairs, Simon Coveney T. D., "Multilateralism and Interdependence: Prospects and Challenges", Royal Irish Academy, 2 May 2018
5）Ibid.
6）アイルランドの独立への革命期は 1910 年代と 1920 年代初頭である

第9章　欧州ミドルパワー・アイルランドの多国間主義国としての課題　○── 171

7) Michael Kennedy, *Ireland and the League of Nations 1919-1946: International Relations, Diplomacy and Politics* (Dublin: Irish Academic Press, 1966), p. 252

8) Ibid. pp. 150-188

9) Ibid. p. 187

10) Joseph Morrison Skelly, *Irish Diplomacy at the United Nations 1945-1965: National Interests and the International Order* (Dublin: Irish Academy Press, 1997), p. 130

11) Irish *Dail Debate*, 194 (1962) 1315

12) UN Document A/PV. 969, March 1961

13) Cornelia-Adiana Baciu "Security Transformation and Multilateralism: The Future of Irish Defence and Foreign Policy", *Irish Studies in International Affairs*, Vol.29, 2018, p. 117

14) スイスは 1815 年のパリ条約で, オーストリアは 1995 年の連邦憲法条例 (the Federal Constitutional Act) を通して国際法にて正式に中立国家と認められた。Neuhold H. "Permanent Neutrality in Contemporary International Relations: A Comparative Perspective", *Irish Studies in International Affairs*, Vol.1/3, 1982, p. 18

15) Norrie MacQueen *Irish Neutrality: The United Nations and the Peacekeeping Experience, 1945-1968*, Ph.D. thesis, School of Humanities, the New University of Ulster, 1981, pp. 199-200

16) Patrick Keatinge *European Security: Ireland's Choice* (Dublin: Institute of European Affairs, 1996), p. 111

17) Sharp Paul *Irish Foreign Policy and the European Community* (Dublin: Institute for International Studies, University of Minnesota), p. 2

18) Katsumi Ishizuka *Ireland and International Peacekeeping Operations 1960-2000: A Study of Irish Motivation* (London: Frank Cass, 2004), pp. 134-136

19) *Irish Independence*, 25 April 1993

20) Katsumi Ishizuka p. 136

21) Department of Foreign Affairs and Trade, *The Global Island: Ireland's Foreign Policy for a Changing World*, Dublin, 2015, p. 27　5 本の柱は他にも「貧困の撲滅」「人権の促進」「武装解除の促進」「アイルランド島の平和と和解の経験の共有」がある。

22) Ibid.

23) Ibid. p. 28

24) Ibid. p. 29

25) Euro Magazine, https//eumag.jp/questions/f0818. Accessed on 5 January 2015.

26) Department of Defence, *White Paper on Defence*, Dublin 2019, p. 65
27) Cornelia-Adiana Baciu "Security Transformation and Multilateralism: The Future of Irish Defence and Foreign Policy", *Irish Studies in International Affairs*, Vol.29, 2018, p. 108
28) "Irish Troops to participate in EU Battle Group" February 6 2018, http://www.thejournal.ie/irish-troops-eu-battle-group-3837647-Feb2018. Accessed on 16 June 2021
29) Roisin Doherty "Partnership for Peace: The *sine qua non* for Irish Participation in Regional Peacekeeping", *International Peacekeeping*, Vol.7, No.2, Summer 2000, p. 70
30) Ibid. p. 77

おわりに

　本書『国際平和への課題―理論と実践（PKO）』では，国際平和にむけての理論としては国際政治の理論を扱った。そして国際平和に向けての実践としては国連やその PKO での実践活動を扱った。

　「はじめに」でも記述したように，国際平和は誰もが希求するものである。第 1 部では国際平和に向けての理論を扱った。現実主義者には，国際平和というよりも国際秩序を求めるという言い方が適しているかもしれない。現実主義のケースとして本書は，核兵器の拡散，そしてアメリカの国際介入政策を扱った。核兵器は「核抑止」という言葉があるように，核兵器の保有が国際社会の緊張を高め，それが戦争の抑止の効果があり国際秩序につながっている。しかしその結果「囚人のジレンマ」と同様の結果となる「核兵器製造のジレンマ」もしくは「安全保障のジレンマ」に陥り，核保有国は過度の負担に苦しむという課題が見られた。アメリカの国際紛争政策に関しては，自国の国益に即した軍事介入政策が明確に見られた。しかしアメリカは，国益が全くないルワンダの民族紛争には非介入であったという極端な現実主義政策に関しては，国際社会から大きな批判を受けた。

　また理想主義のケースとして本書は，ヨーロッパの地域統合（EU）と「人間の安全保障」「人道的介入」「保護する責任」という規範の台頭について取り上げた。EU 統合によってヨーロッパが安全保障，経済，外交，金融の分野が一つになり，もはやヨーロッパ諸国間（EU 加盟国間）で戦争が行われる可能性が限りなくゼロになった。そのこと自体は理想主義の成果である。しかし EU 自体が拡大しロシア等の EU に対する脅威が高まり，ついにロシアがウクライナに戦争を仕掛けたことを鑑みると，そのこと自体は現実主義による結果である。また「人間の安全保障」「人道的介入」「保護する責任」等の概念は，自分

たちに何の利益（国益）はなくとも，苦しみもがいている人たちを見捨てることができず，援助の手を差し伸べるという意味では理想主義である。しかし第3者の介入がエスカレートして，それが軍事的介入となった場合に，それが純粋な介入なのか，多くの無実の人命が奪われないかとの懸念が生じる。そうなると純粋な理想主義ではなくなる。

　以上のようなケースを分析した結果，以下のことが結論付けられる。すなわち「現実主義は，その名のごとく国際社会の現実を考慮した場合には納得がいく主義である。しかし現実主義を極端に追求しすぎるときは，経済的にも，人道的にも，課題が生じてくる。」また同様に「理想主義に関しては，それを追求する価値は十分にある。しかし理想主義は理想主義で完結することはなく，必ず現実主義的な様相が生じてくる」ということである。

　また国際平和への希求として，本書の第2部では国際連合と国連PKOの基礎知識について扱った。国連は，現在193の加盟国から構成され「世界の安全と平和」を目標に安全保障のみならず，開発，人権，医療，貧困，教育等様々な分野に深く貢献している。しかし国連は，理想主義としての利他的な組織であっても，前述したように「理想主義は理想主義で完結することはなく，必ず現実主義的な様相が生じてくる」ことは，国連においても当てはまるであろう。安全保障理事会の常任理事国は，「集団的自衛権を行使して中小国の加盟国に安全を保障する代わりに，彼らから拒否権の所有を承認されている」というような取引が実質成立されており，それによって大国のパワーが維持されているといえる。また国連憲章42条の軍事制裁は，ややもするとそれは大国の政治的理由で使用されることもあり得る。逆に41条の経済制裁も含めて国連の制裁措置は現実では限定的であり，これは現在ウクライナと戦争を行っているロシアに対して重い制裁を課せられないということからも明白である。

　第3部と第4部は，国際平和を国連PKOを通して議論していった。第3部では国連PKOのケースとして南レバノンのUNIFILに焦点を当てた。UNIFILは設立して約半世紀が経ち，いまだに任務が終了していない。とりわけ第4章に記述したように，設立初期に関してUNIFILはイスラエルとPLO

双方から合意的支持を得ておらず，その PLO が現在ヒズボラに代わったのであり現状は UNIFIL 側にとっては厳しいものとなっている。イスラエルは定期的にレバノンに駐留するイスラム武装組織（PLO やヒズボラ）に向けて攻撃をし，時には戦車で強引に UNIFIL の駐留地域を突破してレバノン南部を占領してきた。PKO の主要原則の一つである「受け入れ政府の合意」がいかに重要であるかが認識される。UNIFIL は，2006 年のイスラエルのレバノン侵攻以降，「新 UNIFIL」として欧州部隊を主役とした特殊部隊を導入して強健なミッションに生まれ変わった。この UNIFIL の「ハードなアプローチ」は，UNIFIL で長年培ってきた人道援助活動である「ソフト・アプローチ」と対照的なものである。この 2 つのアプローチが同時に展開しているのは稀有なケースであり今後も注目に値する。この点に関しては第 6 章で見るように，ヒズボラは南レバノンの住民に広く支持を得ているために，UNIFIL のソフト・アプローチの大きな効果が見えていないのが現状である。国連 PKO は，双方の政府のみならず自分たちが駐留する地域の人々からも信頼を勝ち得ていくことが重要であることがわかる。

　さらに本書を執筆している 2025 年現在，イスラエルがハマスに非人道的な攻撃を繰り返し，それと同時に南レバノンのヒズボラにも攻撃を加え，UNIFIL にも危害を加えている。これは 1982 年のイスラエルの国境を越えてのレバノン侵攻の時と変わっていない。重武装した「新 UNIFIL」でも対応はできないのである。本書の第 3 章にもあるように国際紛争は軍事的に解決するのではなく政治的に解決するものであるということが改めて認識される。国連 PKO はそれまでの時間稼ぎのようなものである。つまり国連 PKO は，冷戦終了後大きな変貌を遂げ，平和執行部隊や安定化ミッション等活動範囲が多様化しても，基本的な理念は設立直後とあまり変わっていない。PKO の効果は外交や政治の努力を伴わなければならない。このことが国連 PKO に関する大きな課題である。

　それでは南レバノンに駐留している UNIFIL が全く機能していないのかと言えばそうではなかろう。PKO は目に見える効果はなくとも，危険性の軽

減，安定化，その地域の紛争問題への間接的な援助を PKO 活動の中に認めることができよう。現在南レバノンに安定化を見ることはできなくとも，「もし UNIFIL が駐留していなかったら」という仮定も考えていくべきである。

　最終第 4 部では国連 PKO 全体の政策についての課題を扱った。第 7 章では国連 PKO は，従来の内政不干渉の枠を超え，第 3 者でありながら文民を積極的に保護すべきかという問題に焦点を当てた。人道的には積極的に保護すべきという規範が一般的である。しかし現実にはそれを国連 PKO に当てはめると，それをすべき領域に未だ達していないという見方も多くみられる。理想と現実とのギャップがここでも垣間見ることができる。第 8 章と最終第 9 章は，国連 PKO を派遣国側から見ており，本書はとりわけ中堅国家，いわゆるミドル・パワーに大きな期待を寄せている。現在の国連 PKO に関する大きな課題の一つに「如何に PKO に適した要員を派遣するか」という課題がある。PKO に最適な要員は，軍事装備，事前訓練，士気の高さ，プロフェッショナリズム（職業意識）等を考慮するとミドルパワー出身の要員である。さらに本書でも述べたように現在の大国の凋落ぶりは顕著であり，一層ミドルパワーに大きな期待がかかる。そのミドルパワーの中でも，本書は欧州の伝統的な PKO 貢献国であるアイルランド共和国に注目を寄せている。元来，中立国家と称していたアイルランドは国連 PKO の派遣に適した国家であり，その国連 PKO に向けての忠誠心は他の欧州国と比較しても群を抜いている。しかしそのアイルランドでも EU や NATO の枠組みでの平和活動への参加は必須となっている。これは EU や NATO の平和活動を行う際の高い技術力をアイルランドは吸収していくことが国策として要求されているからである。このことは今後，国連 PKO と地域機構の平和活動がパートナーシップを築いて国際平和を複合的に形作るべきあることを示唆している。

　このように国際平和への課題は多岐にわたり多様である。そのためには理論と実践が良好に関係しあい，相乗効果をあげて課題を一つずつ解決しあうことが重要であることを再認識して本書の結びとする。

省略形一覧

[A]

ADF：Allied Democratic Forces

ASEAN：Association of South-East Asian Nations 東南アジア諸国連合

AU：African Union アフリカ連合

[C]

CIA：Central Intelligence Agency アメリカ中央情報局

CPA：Comprehensive Peace Agreement 南北包括和平合意（スーダン）

CRO：the Coastal Radar Organization

CSDP：Common Security and Defence Policy（EU）共通安全防衛政策

[D]

DDR：Disarmament, Demonilization and Reintegration 武装解除，動員解除，社会復帰
　　プログラム

DFF：De Facto Force 実質軍（レバノン）

DRC：the Democratic Republic of the Congo コンゴ民主共和国

[E]

ECMM：European Community Monitor Mission 欧州共同体監視委員団

EEC：European Economic Community 欧州経済共同体

ERRF：European Rapid Reaction Force 欧州迅速展開軍

EU：European Union ヨーロッパ共同体

EUMM：European Union Monitoring Mission 欧州連合監視委員団

EURATOM：European Atomic Energy Community 欧州原子力共同体

[F]

FARDC：Armed Force of the Democratic Republic of the Congo コンゴ民主共和国軍

FDLR：Democratic Forces for the Liberation of Rwanda ルワンダ解放民主軍

FIB：Force Intervention Brigade 介入旅団

[G]

G7：Group of Seven
G8：Group of Eight
G20：Group of Twenty

[I]

ICISS：International Commission on Intervention and State Sovereignty 介入と国家主
　　　権についての国際委員会
ICRC：the International Committee of the Red Cross 国際赤十字委員会
IEP：Improvised Explosive Device 即席爆発装置
IISS：International Institute for Strategic Studies 国際問題戦略研究所
ISAF：International Security Assistance Force 国際治安支援部隊

[K]

KFOR：Kosovo Force コソボ治安維持部隊

[L]

LAF：the Lebanese Armed Forces レバノン陸軍

[M]

MINUSCA：United Nations Multidimentional Integrated Stabilization Mission in the
　　　Central African Republic 国連中央アフリカ共和国多面的統合安定化ミッション
MINUSMA：United Nations Multidimentional Integrated Stabilization Mission in Mali
　　　国連マリ多面的統合安定化ミッション
MONUC：United Nations Mission in the Democratic Republic of the Congo
MONUSCO：United Nations Organization Stabilization Mission in the Democratic
　　　Republic of the Congo 国連コンゴ民主共和国安定化ミッション
MoU：Memorandum of Understanding 基本合意書
MTF：the Maritime Task Force 海上機動部隊

[N]

NATO：North Atlantic Treaty Organization 北大西洋条約機構

NGO：Non-Governmental Organization　非政府組織

NUPI：the Norwegian Institute of International Affairs ノルウェー国際問題研究所

[O]

OECD：Organization for Economic Cooperation and Development 経済協力開発機構

OGL：Observer Group Lebanon レバノン監視グループ

ONUC：United Nations Operation in the Congo コンゴ派遣国連軍

OSCE：Organization for Security and Co-operation in Europe 欧州安全保障協力機構

[P]

PESCO：Permanent Structural Cooperation（EU）常設軍事協力枠組み

PfP：Partnership for Peace 平和へのパートナーシッププログラム（NATO）

PKO：Peacekeeping Operations 平和維持活動

PLO：Palestinian Liberation Organization パレスチナ解放機構

[Q]

QIP：Quick Impact Project

QRF：Quick Reaction Force 緊急対応部隊

[R]

ROE：Rule of Engagement 交戦規程

[S]

SFOR：Stabilization Force 平和安定化部隊

SLA：South Lebanese Army 南レバノン軍

SLPA/M：the Sudan People's Liberation Army/Movement スーダン人民解放運動／軍

SMC：Strategic Military Cell 軍事戦略チーム

[U]

UN：United Nations 国際連合

UNAMIR：United Nations Assistance Mission for Rwanda 国連ルワンダ支援団

UNAMSIL：United Nations Mission in Sierra Leone 国連シエラレオネ派遣団

UNCLOS：United Nations Convention on the law of the Sea 海洋法に関する国際連合
　　条約

UNEF I：First United Nations Emergency Force 第1次国連緊急隊

UNEF II：Second United Nations Emergency Force 第2次国連緊急隊

UNHCR：United Nations High Commissioner for Refugees 国連難民高等弁務官事務所

UNICEF：United Nations Children's Fund 国連児童基金

UNIFIL：United Nations Interim Force in Lebanon 国連レバノン暫定駐留軍

UNMIS：United Nations Missions in Sudan 国連スーダン派遣団

UNMISS：United Nations Mission in the Republic of South Sudan 国連南スーダン派遣団

UNOGIL：United Nations Observation Group in Lebanon 国連レバノン監視団

UNOSIM II：United Nations Operations in Somalia II 第2次国連ソマリア活動

UNPROFOR：United Nations Protection Force 国連保護隊

UNRWA：United Nations Relief and Works Agency for Palestine Refugees in the
　　　Near East 国連パレスチナ難民救済事業機関

UNTSO：United Nations Truce Supervision Organization 国連休戦監視機構

[W]

WTO：World Trade Organization 世界貿易機関

参考文献

【和文文献】

家正治，川岸繁雄，金東勲（編）『国際機構』世界思想社　1999 年

石坂菜穂子（訳）『国際関係論─現実主義・多元主義・グローバリズム』彩流社　2003 年

石塚勝美『ケースで学ぶ国連平和維持活動』創成社　2017 年

内田孟男（編）『地球社会の変容とガバナンス』中央大学出版部　2010 年

国連広報センター（編）『国際連合の基礎知識』世界の動き社　1991 年

日本経済新聞　1996 年 5 月 8 日

髙井晋『国連 PKO と平和協力法』真正書籍　1995 年

最上俊樹『国連とアメリカ』岩波新書　2005 年

【英文文献】

Aistrope T., Gifkins J. and Taylor N. A. J. "The Responsibility to Protect and the question of attribution", *Global Change, Peace & Security*, Vol.30, No.1, 2018

Award G. "Peacekeeping: An Essential Tool", *New Zealand International Review*, May/June, 1994

Baciu C. A. "Security Transformation and Multilateralism: The Future of Irish Defence and Foreign Policy", *Irish Studies in International Affairs*, Vol.29, 2018

Bardalai A. K. "UNIFIL: The Many Challenges of Successful Peacekeeping", *Journal of Defence Studies*, Vol.10, No.3, July-September 2016

Bellamy A. J. "A Quarter of a Century of Civilian Protection: Contested Concepts and the Problem of Sovereignty", *Civil Wars*, Vol.26, No.1, 2024

Bellamy A. J. "The Responsibility to Protect: Added value or hot air", *Cooperation and Conflict*, Vol.48, No.3, 2013

Bellamy A. J. and Williams P. D. "Introduction: The Politics and Challenges of Providing Peacekeepers" in Alex J. Bellamy and Paul D. Williams (eds.) *Providing Peacekeepers: The Politics, Challenges, and Future of United Nations Peacekeeping Contributions* (Oxford: Oxford University Press, 2013)

Breidlid I. M. and Lie J. H. S. "Challenges to Protection of Civilians in South Sudan; A Warning from Jonglei", *NUPI Report, Security in Practice 8*, 2011

Burchill S. (eds.) *Theories of International Relations* (New York: Palgrave, 2001)

Cater C. and Malone D. M. "The origins and evolution of Responsibility to Protect at the UN, *International Relations*, Vol.30, No.3, 2016 Charles Cater and David M. Malone "The origins and evolution of Responsibility to Protect at the UN, *International Relations*, Vol.30, No.3, 2016

Council of Europe *Handbook for the European Union Monitoring Mission in Georgia, 2009*

Counter Extreme Project "Hezbollah's Influence in Lebanon", April 2018

Cooper A. "Niche Diplomacy: A Conceptual Overview", in Andrew Cooper (ed.) *Niche Diplomacy: Middle Powers after the Cold War* (London: Macmillan, 1997)

Daniel D. C. "5.The United States" in Trevor Findlay (ed.) *Challenges for the New Peacekeepers* (New York: Oxford University Press, 1996)

Diehl P. F. *International Peacekeeping* (Baltimore and London: The John Hopkins University Press, 1993)

Doherty R. "Partnership for Peace: The *sine qua non* for Irish Participation in Regional Peacekeeping", *International Peacekeeping*, Vol.7, No.2, Summer 2000

Doyle C. *Witness to War Crimes: The Memoirs of A Peacekeeper in Bosnia* (Barnsley, England: Pen & Sword Books, 2018)

Doyle M. *Ways of War and Peace* (New York: W.W. Norton $ Company, 1997)

Durch W. "The UN Operation in the Congo: 1960-1964" in William Durch (ed.) *The Evolution of UN Peacekeeping* (New York: St. Martin's Press, 1993)

Edstrom H. and Westberg J., "The defense strategies of middle powers: competing for security, influence and status in an era of unipolar demise", *Comparative Strategy*, Vol.39, No.2, 2020

Erskine E. A. *Mission with UNIFIL* (New York: St. Martin's Press, 1989)

Ghali M. "United Nations Emergency Force I" in William Durch (ed.) *The Evolution of UN Peacekeeping* (New York: St. Martin's Press, 1993)

Ghali M. "United Nations Interim Force in Lebanon" in Durch W. J. (ed.) *The Evolution of UN Peacekeeping* (New York: St. Martin's Press, 1993)

Gilder A. "Use of Force and UN Mandates to Protect Civilians", United States Military Academy, West Point, February 16, 2023

Global Centre for the Responsibility to Protect, "The Relationship between the

Responsibility to Protect and the Protection of Civilians in UN Peacekeeping",
April 2018.

Gordon D. "Canada as Peacekeeper" in Granatstein J. L. (ed.) *Canadian Foreign Policy Since 1945: Middle Power or Satellite?* (Toronto: Copp Clark, 1973

Hammarskjold D. "The UNEF Experience Report" in Cordier A. W. and Foote W. (eds.) *The Public Papers of the Secretary-General of the United Nations, Vol.5: Dag Hammarskjold 1958-1960* (New York: Colombia University Press, 1974)

Harrison G. "Onwards and Sidewards? The Curious Case of the Responsibility to Protect and Mass Violence in Africa", *Journal of Intervention and Statebuilding,* Vol.10, No.2, 2016

Heiberg M. "Observations on UN Peace Keeping in Lebanon", Norsk Utenriksppolitisk Institutt, Working Paper No.305, September 1984

Hehir A. "Assessing the influence of the Responsibility to Protect on the UN Security Council during the Arab Spring", *Cooperation and Conflict,* Vol.51, No.2, 2015

Holt V., Taylor G. and Kelly M. *Protecting Civilians in the Context of UN Peacekeeping Operations; Success, Setbacks and Remaining Challenges* (New York, United Nations, 2009)

Hoshino M. "A Discussion on the South China Sea Arbitration by the Permanent Court of Arbitration", *Bulletin of Niigata Sangyo University, Faculty of Economics,* No.48, January 2017

Howard L. M., *Power in Peacekeeping* (Cambridge: Cambridge University Press, 2019)

International Commission on Intervention and State Sovereignty, *The Responsibility to Protect: Report of the International Commission on Intervention and State Sovereignty,* December 2001

International Institute for Strategic Studies (IISS) *Military Balance 2012*

International Institute for Strategic Studies (IISS) *Military Balance 2021*

International Peace Academy, *Peacekeeper's Handbook*, New York, 1978

Ishizuka K. "History of Europeans' Participation in UN Peace Operations: Should the European State Go back to UN Peacekeeping?" a presentation paper, Annual Meeting of Academic Council on the United Nations System (ACUNS), The Hague, the Netherlands, 11-13 June, 2015

Ishizuka K. *Ireland and International Peacekeeping Operations 1960-2000: A Study of Irish Motivation* (London: Frank Cass, 2004)

Ishizuka K. "Issues Related to the Protection of Civilians in UN Peacekeeping

Operations in Sudan", Working Paper Series, Studies on Multicultural Societies No.24, Afrasian Research Centre, Ryukoku University Phase 2, 2013

International Herald Tribune, 14 February 2017

Institute for Security Studies, "Is the Force Intervention Brigade neutral?", *ISS Today*, 27 November 2014

Irish *Dail Debate*, 194 (1962) 1315

Irish Independence, 25 April 1993

James A. "Painful Peacekeeping: the United Nations in Lebanon 1978-82", *International Journal*, Vol.38, No.4, October 1983

James A. *Peacekeeping in International Politics* (London: Macmillan, 1990)

James A. *Politics of Peacekeeping* (London: Chatto and Windus, 1969)

Jerusalem Post, 19 April 2014

Jewish & Israel News Algemeiner, 27 November 2019

Keatinge P. *European Security: Ireland's Choice* (Dublin: Institute of European Affairs, 1996)

Kennedy M., *Ireland and the League of Nations 1919-1946: International Relations, Diplomacy and Politics* (Dublin: Irish Academic Press, 1966)

Karaoglu S. "The South China Sea dispute and its challenges to Japan's economic interests", an unpublished paper, 31 August 2020

Kassem S. "Peacekeeping, Development, and Counterinsurgency: The United Nations Interim Force in Lebanon and 'Quick Impact Projects'" in Karim Makdisi and Vijay Prashad (eds.) *Land of Blue: The United Nations and the Arab World* (Oakland: University of California Press, 2017)

Luck E. C. "R2P at Ten: A New Mindset for a New Era", *Global Governance*, Vol.21, 2005

Mackinlay J. *The Peacekeepers* (London: UNWIN HYMAN, 1989)

MacQueen N. *Irish Neutrality: The United Nations and the Peacekeeping Experience, 1945-1968*, Ph.D. thesis, School of Humanities, the New University of Ulster, 1981

Mailer M. and Poole L. "Rescuing the Peace in Southern Sudan" *Joint NGO Briefing Paper*, Oxfam International, January 2010 Maya Mailer and Lydia Poole "Rescuing the Peace in Southern Sudan" *Joint NGO Briefing Paper*, Oxfam International, January 2010

Makdisi K., Goksel T., Hauck H. B. and Reigeluth S., "UNIFILII: Emerging and Evolving European Engagement in Lebanon and the Middle East", EuroMesco

Paper, January 2019

Murphy R. "Peacekeeping in Lebanon and Civilian Protection", *Journal of Conflict & Security Law*, Vol.12, No.3, 2012

Naoum R. "Constructivism and Lebanon's Foreign Policy Following Syria's Uprising", MA Thesis, School of Arts and Science, Lebanese American University, December 2014

Nasu H. "Peacekeeping, Civilian Protection Mandates and the Responsibility to Protect" in Angus Francis, Vesselin Popovski and Charles Sampford (eds.) *Norms of Protection; Responsibility to Protect, Protection of Civilians and Their Interaction* (Tokyo; United Nations University Press, 2012)

Neuhold H. "Permanent Neutrality in Contemporary International Relations: A Comparative Perspective", *Irish Studies in International Affairs*, Vol.1/3, 1982

Newby V. *Peacekeeping in South Lebanon: Credibility and Local Cooperation* (Syracuse: Syracuse University Press, 2018)

Norton A. R. *Hezbollah: A Short History* (Princeton and Oxford: Princeton University Press, 2018)

Norton A. R. "The Role of Hezbollah in Lebanese Domestic Politics", *The International Spectator*, Vol.42, No.4, December 2007

Orion A. "Hiding in Plain Sight: Hezbollah's Campaign Against UNIFIL", Policy Note, The Washington Institute for Near East Policy, November 2019

O'Shea B, Comdt (ed.) *In the Service of Peace: Memories of Lebanon* (Dublin: Mercier Press, 2001)

Patience A. "Imagining middle powers", *Australian Journal of International Affairs*, Vol.68, No.2, 2014

Paul S. *Irish Foreign Policy and the European Community* (Dublin: Institute for International Studies, University of Minnesota)

Pogany I. *The Arab League and Peacekeeping in Lebanon* (Aidershot: Avebury, 1987)

Porat R. "How Hezbollah neutralized UNIFIL", policy paper, the Australian Centre for Jewish Civilisation at Monash University, 19 December 2019

Richardson D. and Groves J. *Introducing Political Philosophy* (Cambridge: Icon Books, 2003)

Refugee International "Sudan; UNMIS Must be More Proactive in Protecting Civilians", *Refugee International Field Report*, January 2009

Department of Defence, Republic of Ireland, *White Paper on Defence*, Dublin 2019

Department of Foreign Affairs and Trade, Republic of Ireland, *The Global Island: Ireland's Foreign Policy for a Changing World*, Dublin, 2015

Robertson J. "Middle-power definitions: confusion reigns supreme", *Australian Journal of International Affairs*, Vol.71, No.4, 2017

Ruffa C., "Military Cultures and Force Employment in Peace Operations", *Security Studies*, Vol.26, No.3, 2017

Sheeran S. and St Case S. "The Intervention Brigade: Legal Issues for the UN in the Democratic Republic of the Congo", Working Report, International Peace Institute, November 2014

Sharland L. "Evolution of protection of civilians in UN peacekeeping", Australian Strategic Policy Institute, 2019

Skelly J. M., *Irish Diplomacy at the United Nations 1945-1965: National Interests and the International Order* (Dublin: Irish Academy Press, 1997)

Skjelsbaek K. and Ness M. H. "The Predicament of UNIFIL: Report on a Visit to Southern Kebanon and Israel, 1-11 November 1985", Norsk Utenrikspolitisk Working Report NO.343, December 1985

Skogmo B. *UNIFIL: International Peacekeeping in Lebanon, 1978-1988* (Boulder: Lynne Rienner, 1989)

The Center on International Cooperation, *Annual Review of Global Peace Operation 2007* (Boulder: Lynne Rienner Publishers, 2007)

The Japan News, 20 February 2021

The Yomiuri Shimbun, 3 August 2021

United Nations *The Blue Helmet: A Review of United Nations Peace-keeping, Second Edition* (New York: United Nations, 1990)

United Nations, *UNIFIL Fact Sheet*, Updated 24 July 2006

UN Document S/12611 *Report of the Secretary-General on the Implementation of Security Council Resolution 425 (1978)* 19 March 1978

UN Document S/12845 *Report of the Secretary-General on the United Nations Interim Force in Lebanon for the Period of 19 March to 13 September 1978*, 13 September 1978

UN Document S/13025, 12 January 1979

UN Document S/13026, 12 January 1979

UN Document S/13691, 14 December 1979

UN Document S/15194, 10 June 1982

UN Document S/17093, 27 February 1985

UN Document S/1996/337, *Israel' Shelling of UNIFIL*, 7 May 1996

UN Document S/RES/1701, *The situation in the Middle East*, 11 August 2006

UN Document S/2006/478 *Report of the Secretary-General Pursuant to Resolution 1653 (2006) and 1663 (2006)*, 29 June 2006

UN Document S/2007/641 *Report of the Secretary-General on the Implementation of Security Council Resolution 1701*, 30 October 2007

UN Document S/2009/277, *Report of the Secretary -General on the Protection of Civilians in Armed Conflict*, 29 May 2009

UN Document S/2014/957 *Report of the Secretary-General on the United Nations Organization Stabilization Mission in the Democratic Republic of the Congo submitted pursuant to paragraph 39 of Security Council resolution 2147 (2014)*, 30 December 2014

UN Document S/2015/475 *Report of the Secretary-General on the Implementation of Security Council Resolution 1701*, 25 June 2015

UN Document S/2019/574 *Implementation of Security Council resolution 1701 (2006) during the period from 18 February to 24 June 2019, Report of the Secretary General*, on 17 July 2019

Urquhart B. *Hammarskjold* (London: The Bodley Head, 1972)

Weinburger N. J. "Peacekeeping Operations in Lebanon", *The Middle East Journal*, Vol.37, No.3, Summer 1983

William H. *International Relations in Political Theory* (Buckingham: Open University Press, 1992)

Williams A. "The Responsibility to Protect and Institutional Change", *Global Governance*, Vol.12, 2017

Zisser E. "Hizballah in Lebanon: between Teheran and Beirut, between the struggle with Israel, and the struggle for Lebanon" in Barry Rubin *Lebanon: Liberation, Conflict, and Crisis* (New York: Palgrave Macmillan, 2009)

索　引

A–Z

Baabda 宣言	108
CIA	20
EU	164
——Battle-groups	166
EUMM	148
hearts and minds	90
ISAF	145
NATO	167
UNIFIL	v，68，151

ア

アイゼンハウアー	147
アイディード将軍	33，144
アイルランド	155
アサフ・オリオン	111
アフガニスタン	142
アプルバ・バルダライ	98
アマル	105
アメリカ	16
アラファト	71
アラブの春	123
アラン・ジェイムス	62，76
アレキサンダー・ギルダー	127
アレックス・ベラミー	123
アン・サン・スー・チー	142
安全保障理事会	47，48
アントニオ・グテーレス	109
アンドリュー・クーパー	140

イ

怒りの葡萄作戦	107
イギリス	162
イマヌエル・カント	6
イラク	20，21
イラン・イラク戦争	21
インド	17
——・パキスタン戦争	18
ウィルソン大統領	44
ウェストフェリア条約	121
ヴェルサイユ条約	44
ウ・タント	144
永遠の平和のために	6
エイデン・ヘイアー	123
エミール・ラフード	109
欧州安全保障協力機構	157
オーストラリア	140
オブザベーションポスト	61
小渕首相	37

カ

海上機動部隊	85，98，114，151
介入旅団	134
海洋 PKO	150
海洋法に関する国際連合条約	143，151
カイロ合意	69
核兵器	11
——のジレンマ	15
核抑止	13
カティンの森事件	45
カナダ	140

ガリリー平和作戦‥‥‥‥‥‥‥‥ 82
企業の社会的責任‥‥‥‥‥‥‥‥ 6
北大西洋条約機構（NATO）‥‥ 24
キム・ノサル‥‥‥‥‥‥‥‥‥ 140
キャンプ・デービッド交渉‥‥‥‥ 78
9.11 アメリカ同時多発テロ‥‥‥ 142
旧ユーゴスラビア‥‥‥‥‥ 20，23
共産主義‥‥‥‥‥‥‥‥‥‥‥ 27
京都議定書‥‥‥‥‥‥‥‥‥‥ 31
拒否権‥‥‥‥‥‥‥‥‥‥ 46，49
緊急対応部隊‥‥‥‥‥‥‥‥‥ 98
クイック・インパクト・プロジェクト
‥‥‥‥‥‥‥‥‥‥‥‥ 94，112
クウェート‥‥‥‥‥‥‥‥ 20，21
クルーズレポート‥‥‥‥‥‥‥ 127
クルト・ワルトハイム‥‥‥‥‥ 71
グレナダ‥‥‥‥‥‥‥‥‥‥‥ 20
グローバルサウス‥‥‥‥‥‥‥ 123
グローバルノース‥‥‥‥‥‥‥ 123
軍事監視団‥‥‥‥‥‥‥‥‥‥ 61
軍事制裁‥‥‥‥‥‥‥‥‥‥‥ 57
軍事戦略チーム‥‥‥‥‥‥‥‥ 95
君主論‥‥‥‥‥‥‥‥‥‥‥‥ 2
経済開発協力機構‥‥‥‥‥‥‥ 157
経済社会理事会‥‥‥‥‥‥ 47，49
経済制裁‥‥‥‥‥‥‥‥‥‥‥ 57
現実主義‥‥‥‥‥‥‥‥‥ iii，2
交戦規程‥‥‥‥‥‥‥‥‥‥ 131
国際司法裁判所‥‥‥‥‥‥‥‥ 47
国際赤十字委員会‥‥‥‥‥‥‥ 91
国際連盟‥‥‥‥‥‥‥‥‥‥ 158
国連キプロス島平和維持軍‥‥‥ 160
国連休戦監視機構‥‥‥‥‥‥‥ 72
国連旧ユーゴスラビア国際戦犯法廷‥ 40
国連憲章‥‥‥‥‥‥‥‥‥‥‥ 53
国連コンゴ民主共和国安定化ミッション
‥‥‥‥‥‥‥‥‥‥‥‥‥‥ 133

国連シエラレオネ派遣団‥‥‥‥ 128
国連児童基金‥‥‥‥‥‥‥‥‥ 91
国連事務総長‥‥‥‥‥‥‥‥‥ 52
国連スーダンミッション‥‥‥‥ 129
国連総会‥‥‥‥‥‥‥‥‥ 47，48
国連難民高等弁務官事務所‥‥‥ 130
国連パレスチナ難民救済事業機関‥‥ 91
国連兵力引き離し監視隊‥‥‥‥ 79
国連平和維持活動（PKO）‥‥‥ 60
国連保護隊‥‥‥‥‥‥‥‥‥‥ 23
国連ルワンダ支援団‥‥‥‥‥‥ 25
国連レバノン監視団‥‥‥‥‥‥ 64
国連レバノン暫定軍‥‥‥‥‥‥ v
コソボ自治州‥‥‥‥‥‥‥‥‥ 23
コソボ治安維持部隊‥‥‥‥‥‥ 168
コーネリア・アルドリアナ・バシウ‥ 166
コフィ・アナン‥‥‥ 84，108，110，131
コルム・ドイル‥‥‥‥‥‥‥‥ 150
コンゴ政府軍‥‥‥‥‥‥‥‥‥ 134
コンゴ派遣国連軍‥‥‥‥‥‥‥ 144
コンゴ民主共和国‥‥‥‥ 121，127，132

サ

サイモン・コベニー‥‥‥‥‥‥ 157
サダト大統領‥‥‥‥‥‥‥‥‥ 78
サダム・フセイン‥‥‥‥‥‥‥ 21
サルコジ大統領‥‥‥‥‥‥‥‥ 149
シエラレオネ‥‥‥‥‥‥‥‥‥ 127
ジェレミー・ベンサム‥‥‥‥‥ 5
持続可能な開発目標‥‥‥‥‥‥ 39
資本主義‥‥‥‥‥‥‥‥‥‥‥ 27
ジミー・カーター‥‥‥‥‥‥‥ 70
事務局‥‥‥‥‥‥‥‥‥‥‥‥ 47
シャトル外交‥‥‥‥‥‥‥ 71，78
囚人のジレンマ‥‥‥‥‥‥‥‥ 9
集団的自衛権‥‥‥‥‥‥‥‥‥ 46
十四ヵ条の平和原則‥‥‥‥‥‥ 44

索　引 ○── 191

ジョゼフ・モリソン・スケリー……… 159
ショーン・レスター………………… 159
ジョン・ロック……………………… 5
信託統治理事会……………… 47, 51
人道的介入…………………………… 39
人道的危機…………………………… 37
人類の議会………………………… 48
スウェーデン……………………… 169
スエズ危機…………… 139, 146
スーザン・カッセン……………… 112
スーダン……………… 121, 128
───人民解放運動／軍………… 129
スレブレニッツアの虐殺…………… 39
スロボダン・ミロシェビッチ……… 23
正義による戦争…………………… 57
世界の警察官……………… 19, 22
世界貿易機関……………………… 157
セルビア第一主義………………… 23
ソフト・アプローチ……………… 91
ソ連………………………………… 16

タ

第 1 次国連緊急隊………………… 63
第 2 次国連緊急隊………………… 78
第 2 次国連ソマリア活動………… 144
ターイフ条約……………………… 107
代理戦争…………………… 27, 143
ダグ・ハマショールド…………… 147
多国間主義………………………… 155
ダンバートン・オークス会議…… 46
チアラ・ルッファ………………… 93
チェックポイント………………… 61
チャールズ・カーター…………… 123
中央アフリカ……………………… 127
中国………………………………… 17
デイトン合意……………………… 24
出口戦略…………………………… 88

デビッド・アンドリューズ……… 163
デビッド・マローン……………… 123
デュアル・アプローチ…………… 90
トマス・ホッブズ………………… 3
ドミノ倒し………………………… 18
トリプル・ロック………………… 167
トロイカ体制……………………… 160

ナ

内政不干渉………………………… 122
───の原則………………… iv, 54
ならず者国家……………………… 60
南北包括和平合意………………… 129
ニース条約………………………… 165
ニッコロ・マキャベリ…………… 2
ニッチな外交……………… 140, 152
人間の安全保障…………… iv, 37
人間の盾…………………………… 34
ノリー・マックイーン…………… 161
ノルウェー国際情報研究所……… 132

ハ

パキスタン………………………… 17
ハード・アプローチ……………… 95
パトリック・キーティング……… 161
バーナード・ウッド……………… 140
バネッサ・ニュービー…………… 93
ハビエス・ペレス・デクレアル…… 83
ハマショールド…………………… 62
パレスチナ………………………… 3
ハンガリー動乱…………………… 33
パン・ギムン……………… 129, 133
ハンス・モーゲンソー…………… 4
ヒズボラ…………………… 84, 103
ビヨン・スコグモ………………… 91
ビル・クリントン………………… 26
フィンランド……………………… 169

武装解除・動員解除・社会復帰
　　……………………………… 115, 135
ブトロス・ガリ……………………… 83
ブライアン・アークハート………… 77
ブラヒミレポート…………………… 127
フランク・エイケン………………… 160
ブルーライン………………………… 103
フレデリック・ボーラン…………… 159
紛争の平和的解決…………………… 57
文民保護……………………………… 120
平和維持軍…………………………… 139
平和維持隊…………………………… 61
平和執行部隊………………………… 144
平和へのパートナーシッププログラム
　　……………………………………… 167
ベトナム戦争………………………… 33
ヘンリー・キッシンジャー………… 78
保護する責任………… 40, 54, 91, 122
ポール・クーリア…………………… 36
ポール・ダール……………………… 62
ホロコースト………………………… 45

マ

マイケル・ケネディー……………… 158
マーシャルプラン…………………… 29
マスガブアム事件…………………… 74
マリ…………………………………… 127
マンハッタン計画…………………… 16
ミシェル・アウン…………………… 109
ミドルパワー…………………… v, 139
南シナ海……………………………… 150
南スーダン…………………………… 127
南レバノン軍………………………… 92
ミャンマー…………………… 142, 148

ミレニアム開発目標………………… 38
民族浄化政策………………………… 23
メドベージェフ大統領……………… 149
モナ・ガリ…………………………… 147
モニタリング・ミッション………… 148

ヤ

ユーロ………………………………… 30
ヨーロッパ経済共同体………… 28, 161
ヨーロッパ原子力共同体…………… 28
ヨーロッパ迅速展開軍……………… 31
ヨーロッパ連合……………………… 29

ラ

ラフィーク・ハリリ………………… 105
ランド研究所………………………… 9
ラン・ポラット……………………… 112
リアリズム…………………………… 143
リサ・ハワード……………………… 99
リスボン条約………………………… 165
理想主義……………………………… iii, 4
利他主義……………………………… 19
リチャード・ウィリアムソン……… 132
リチャード・ヒゴット……………… 140
ルワンダ……………………… 20, 25
　　―――愛国戦線…………………… 25
レイ・マーフィー…………………… 99
レスター・ピアソン………………… 147
レバノン陸軍………………………… 106
ロシア・ウクライナ戦争…………… 32

ワ

湾岸危機……………………………… 21
湾岸戦争……………………… 21, 22

《著者紹介》

石塚勝美（いしづか・かつみ）

1964年　埼玉県春日部市生まれ
1987年　獨協大学外国語学部英語科卒業
1996年　英国ノッティンガム大学院修士号（国際関係学）取得
2000年　英国キール大学院博士号（国際関係学）取得
2001年　共栄大学国際経営学部専任講師を経て
現　在　同大学教授

主要著書

Ireland and International Peacekeeping Operations 1960-2000（単著・London: Frank Cass, 2004）

『国連 PKO と平和構築』（単著・創成社，2008 年）

The History of Peace-building in East Timor（単著・New Delhi: Cambridge University Press India, 2010）

『国連 PKO と国際政治』（単著・創成社，2011 年）

『入門国際公共政策』（単著・創成社，2014 年）

『ケースで学ぶ国連平和維持活動』（単著・創成社，2017 年）

UN Peace Operations and Asian Security（共著・New York: Routledge, 2005）

Japan, Australia and Asia-Pacific Security（共著・New York: Routledge, 2006）

Providing Peacekeepers（共著・Oxford: Oxford University Press, 2013）

（検印省略）

2025 年 4 月 25 日　初版発行　　　　　　　　　　略称—国際平和

国際平和への課題
—理論と実践（PKO）—

著　者　石　塚　勝　美
発行者　塚　田　尚　寛

発行所　東京都文京区　**株式会社　創　成　社**
　　　　春日 2 - 13 - 1

電　話　03（3868）3867　　ＦＡＸ 03（5802）6802
出版部　03（3868）3857　　ＦＡＸ 03（5802）6801
http://www.books-sosei.com　振　替　00150-9-191261

定価はカバーに表示してあります。

©2025 Katsumi Ishizuka　　組版：ワードトップ　印刷：モリモト印刷
ISBN978-4-7944-4091-4　C3032　製本：カナメブックス
Printed in Japan　　　　　　落丁・乱丁本はお取り替えいたします。

―――――――― 創成社の本 ――――――――

国 際 平 和 へ の 課 題 ― 理 論 と 実 践（PKO）―	石 塚 勝 美	著	2,500 円
ケースで学ぶ国連平和維持活動 ―PKO の 困 難 と 挑 戦 の 歴 史―	石 塚 勝 美	著	2,100 円
国 連 PKO と 国 際 政 治 ― 理 論 と 実 践 ―	石 塚 勝 美	著	2,300 円
国 連 平 和 構 築 の 新 た な 課 題 ―国連安全保障理事会はどう改革されるべきか―	長谷川 祐 弘	著	3,400 円
平 和 構 築 の 志 ―東ティモールでの平和構築活動から学んだ教訓―	長谷川 祐 弘	著	4,000 円
ベトナムと中国のトンキン湾境界画定 ― 中 国 の 唯 一 の 海 洋 境 界 画 定 ―	内 山 美 生	著	4,000 円
社 会 保 障 改 革 2025 と そ の 後	鎌 田 繁 則	著	3,100 円
コ ロ ナ の 影 響 と 政 策 ― 社 会・経 済・環 境 の 観 点 か ら ―	石 川 良 文	編著	2,700 円
国 際 学 の 道 標 ― 地 球 市 民 学 へ の 道 を 拓 く ―	奥 田 孝 晴	著	3,800 円
キ ャ リ ア デ ザ イ ン 論 ― 大学生のキャリア開発について―	安 武 伸 朗 坪 井 晋 也	編著	1,900 円
キ ャ リ ア 開 発 論 ―大学生のこれからのキャリア・リテラシー―	安 武 伸 朗 坪 井 晋 也	編著	1,800 円
はじめての原発ガイドブック ―賛成・反対を考えるための9つの論点―	楠 美 順 理	著	1,500 円
新・大学生が出会う法律問題 ―アルバイトから犯罪・事故まで役立つ基礎知識―	信 州 大 学 経 法 学 部	編	2,000 円
旅 と 語 り を 科 学 す る ―観光におけるナラティブの活用可能性―	ジャックリーン・ ティバース ティヤナ・ラケッチ　編 佐々木秀之 髙 橋 結　　　　訳 藤 澤 由 和		2,650 円

（本体価格）

―――――――――――――――――――― 創 成 社 ――――